Callwey

Ulrich Timm

TERRASSEN & SITZPLÄTZE

Vom Wohnen im Garten

Unter Mitarbeit von Hannelore Timm
Vorwort von Rosemary Verey

Callwey

DANK

Allen Architekturbüros und ihren Mitarbeitern, den Bauherren, Fotografen und Dorothea Montigel und Roland Thomas aus dem Hause Callwey sei an dieser Stelle noch einmal ganz herzlich für ihr freudiges Engagement gedankt. Ohne die großzügige Mitarbeit aller Beteiligten hätte dieses Buch nicht entstehen können.

Rechts:
Blickfang und Verlockung ist die schlichte blaue Eisenbank, die in der von Hopfenranken umwobenen Laube auf Gartenbesuch wartet.

Vorhergehende Seite:
Einladend schön: Der Sitzplatz hinter dem Haus, ein Gartenzimmer, das im Hintergrund von 2,70 m hohen, ganz schmalen Hainbuchenhecken begrenzt wird. Ein Platz zum Träumen, ein Platz für den Alltag im Sommer, wo alles ganz natürlich wirkt – der alte efeuberankte Kirschbaum, der Kiesbelag, das gebrauchte Straßenpflaster, die blühende Schmucklilie (Agapanthus).

Inhalt

Vorwort

von Rosemary Verey

Ich liebe die einfachen Dinge

Wo Sie auch wohnen, ob in der Stadt oder in unberührter Natur auf dem Land, es ist immer erstrebenswert, einen attraktiven und zugleich ruhigen Sitzplatz im Garten zu haben. Viele Städter verfügen heute sogar über ein zweites Grundstück als Ferien- oder Wochenenddomizil. Auf dem Land können die Besitzer ihrer Phantasie freien Lauf lassen und frei entscheiden, wie sie den Rasen an den Sitzplatz anbinden und die Beete oder den Kräutergarten anlegen wollen. Auf einem kleinen Grundstück in der Stadt verschmilzt die Terrasse mit dem Haus, sie wird zum eigenen Raum und somit zur Erweiterung des Wohnraums, des Eßzimmers oder der Küche. Hier wird die Terrasse zum Zentrum des täglichen Sommerlebens.

Die Terrasse prägt wahrscheinlich den ersten Eindruck von einem Garten. Entweder fühlt sich der Besucher spontan zu Hause und macht es sich auf einem der Sessel im Schatten eines Sonnenschirmes bequem, oder er schlendert weiter, um die anderen Reize des Gartens zu entdecken. Eine Terrasse sollte, ob sie nun traditionell, also formal angelegt ist, oder ob sie in freien Formen improvisiert wurde, stets als Teil des ganzen Gartenentwurfes zu erkennen sein.

Kletterpflanzen an Mauern und Hauswänden, üppiger Flor in den Blumenkübeln oder als Rahmen für die Terrasse tragen schnell dazu bei, den kräftigen Eingriff in die vorgegebene Landschaft vergessen zu lassen und den Sitzplatz am Haus dem übrigen Garten anzupassen.

Die Bepflanzung der Töpfe ist von besonderer Bedeutung. Sie ist eine gute Gelegenheit, Pflanzen mit schönem Duft oder interessantem Laub in der Nähe wirkungsvoll zur Geltung kommen zu lassen.

Stellen Sie Töpfe an möglichst viele Plätze, auf verschiedene Ebenen und Stufen. Da die Terrasse meist windgeschützt liegt, ist der Duft der Blüten und Blätter hier besonders intensiv und hält sich lange. Berücksichtigt werden sollten Blumen wie Goldlack, Lavendel, Lilien oder Heliotrop, die an Frühlings- und Sommerabenden betörend duften. Nicht zu vergessen ist der Blütenduft vieler Kletterrosen und der von Jelängerjelieber (Lonicera x heckrottii) oder das zarte Aroma von Winterblühern wie des Winterjasmins.

Welche Art des Bodenbelags haben Sie sich für Ihre Terrasse vorgestellt? Es gibt eine unglaublich große Auswahl von Ziegeln bis zu Holz, vom traditionellen Sandstein bis zu Kies. Am besten wählen Sie ein Material, das dem des Hauses und den Gartenmöbeln entgegenkommt.

Ich persönlich mag die kissenüberladenen, riesig dimensionierten Sofas und Stühle nicht, obgleich sie sehr bequem sind. Nach meiner Ansicht gehören sie ins Haus und nicht in den Garten. Ich bevorzuge vielmehr einfache Bänke und Tische aus Holz oder Eisen.

Es gibt viele Ideen für Terrassen und Sitzplätze - ein Teich, ein Wasserbecken, ein Brunnen, vielleicht ein »knot garden«, wie ich ihn in meinem Garten angelegt habe (siehe Foto rechts).

Dieses Buch präsentiert eine Fülle der Möglichkeiten, Beispiele, Lösungen und Vorschläge. Aber denken Sie daran, daß bei einer Terrasse immer ganz unterschiedliche Elemente zusammenkommen, die um die Gunst, die Aufmerksamkeit des Betrachters wetteifern. Einfachheit des Stils bei der Auswahl der Pflanzen und der Farben ist auf Dauer das beste Gestaltungsmittel.

Barnsley House, Gloucestershire

Der »knot garden« in Rosemary Vereys wunderbarem Garten in Barnsley/Gloucestershire: ein Parterre vor der Terrasse an ihrem alten Landsitz, in dem kleine Hecken aus immergrünen Kleingehölzen wie Buchsbaum und der Edelgamander (Teucrium) miteinander »verknotet« sind. An den Ecken sind hübsch geformte Stechpalmen plaziert (Ilex »Golden King«). Die Sitzgruppe ist »handmade« in England.

Zum Geleit

von Holger Haag

Präsident des Bundes Deutscher Landschaftsarchitekten

Der Erde verbunden

Im Begriff Terrasse steckt das lateinische Wort »terra« - Erde oder Boden. Bereits daraus wird klar, wieviel Tradition mit dem Thema verbunden ist.
Mir steigt in Gedanken der Duft der Erde nach einem erfrischenden Regen in die Nase, der Geruch des von Pflanzen und Tieren aufgebrochenen Bodens im Frühling, wenn die ersten wärmenden Sonnenstrahlen den Garten erreichen. Ich werde von Natur umfangen, vom Leben im Garten eingenommen, wenn ich über das Thema nachdenke.
Der Wert unseres belebten Bodens wurde mir als jungem Menschen schlagartig bewußt, als ich zu Beginn meiner Gärtnerlehre noch von »Dreck« sprach, mein Lehrmeister mich aber alsbald nachhaltig eines Besseren belehrte.
Das Erdverbundene des Gartens ist nach meiner Überzeugung für die meisten Menschen rein sinnlich von großer Wichtigkeit, wie ein Garten überhaupt – fast keinem anderen Medium vergleichbar – vermag, alle Sinne der Menschen anzuregen und wach zu halten, ja zu trainieren.
Terrassen am Haus bedeuten, richtig verstanden und geplant, intensives Gespräch zwischen Innen und Außen, zwischen Wohnen in ummauerten Räumen und Leben im gebauten, grünen Gartenzimmer. Terrassen können Verbindungen herstellen, Begegnungen ermöglichen, sachlich wie menschlich.
Sitzplätze im Garten, die sich zu viel mehr eignen als nur zum Sitzen - zum Liegen, Stehen, Sonnen, Essen, Trinken, Plaudern, Schweigen und sich der Muße hingeben - bereichern den Gartenraum. Für mich kann es Gärten ohne mindestens einen zweiten Sitzplatz, entfernt vom Haus und mit »dem Blick zurück«, gar nicht geben.
Terrassen und Sitzplätze müssen Geborgenheit vermitteln, sie sollten immer eine Einladung zum Aufenthalt an Menschen aussprechen. Der Umgang und die Aus-

einandersetzung mit der umgebenden Natur, das körperliche und geistige Wohlbefinden, das Fühlen von Wärme und Kälte, von Veränderungen des Klimas im Gartenraum, das Träumen bei Tag und Nacht, auch Schutz vor Sonne und Regen, kurz Gastlichkeit in jeder Form kann geübt oder empfunden werden.
Eine lauschige Atmosphäre, das Erleben der Jahreszeiten mit dem Beobachten der Veränderungen des vielseitigen Lebens das ganze Jahr über und das der Natur Nachhorchen hinterlassen unvergeßliche Eindrücke.
Selbstverständlich gehört dazu die sorgfältige Auswahl ausgewogener Materialien und einer bequemen, einladenden Einrichtung mit Möbeln und anderen Gegenständen.
Unverständlich ist für mich immer wieder, daß im Wohnungsbau für die Erdgeschoßwohnungen so selten an ebenerdige Terrassen gedacht wird. Welch eine Fülle von Möglichkeiten des Naturerlebens und der Erholung geht dadurch verloren!
Als Landschaftsarchitekt weiß ich, daß Fehler und Mängel nur vermieden werden können, wenn beginnend mit dem ersten Gedanken an den Neubau eines Hauses und eines Gartens die Planung gemeinsam mit den Bauwilligen, dem Architekten und dem Landschaftsarchitekten erörtert wird. Denn nur mit diesem Team gelingen optimale Lösungen.
Ich wünsche dem Buch mit seinen vielseitigen Gedanken und den ausgewählten Beispielen eine wirkungsvolle Verbreitung.

Eine Skizze zeigt schon im Entwurfsstadium, wie die geplante Terrasse im Zusammenhang mit dem Garten wirken könnte. Hier ist eine Holzplattform vorgesehen, die vor dem Wohnraum liegt und einen malerischen Ausblick in den Garten gewährt. Natursteinstufen und Bambusgras verbinden den Platz am Haus mit dem Garten.

Aus der Geschichte der Terrassen

von Clemens Alexander Wimmer

Sagenhafte Urbilder der Terrassengärten

Der Paradiesgarten der Juden und Christen war (im Gegensatz zum indischen) nicht terrassiert. Doch wo Christen später in ihren irdischen Gärten dem Paradies nacheiferten, bedienten sie sich gern der Terrasse als Gestaltungsmittel. Terrassen halten nicht nur im abschüssigen Gelände den Boden fest und machen ihn kultivierbar, sie zeugen auch von einer menschlichen Fertigkeit, die der Zauberei nahekommt, und von der glücklichen Verwebung von Kunst und Natur.

Wer die Geschichte der Terrassengärten beschreibt, beginnt gewöhnlich mit den Hängenden Gärten der Semiramis, dem Inbegriff sagenhafter Gartenkunst. Nach den Erkenntnissen der Archäologie waren es Gärten auf gemauerten Unterbauten, und man hätte besser »erhabene« oder »schwebende« Gärten übersetzt. Mit Mitteln der Kunst wurde der Garten ins Haus oder aufs Dach geholt. Kein Garten vor der Erfindung des Palmenhauses war wunderbarer und teurer als ein »hängender«.

Terrassen sind dem Himmel näher. Deshalb gab es sie auch besonders in geheiligten Anlagen. Die mesopotamischen und aztekischen Stufenpyramiden waren Terrassentempel auf quadratischem Grundriß. Faszinierend wirkten auf die an der Antike geschulten Terrassenarchitekten auch die vielbewunderten Terrassenanlagen des Fortuna-Heiligtums in Palestrina bei Rom. Spiralig oder ringförmig angeordnete Terrassengärten gehen auf das Mausoleum des Augustus in Rom zurück, wo ein Ring von Zypressen die Mauer bekrönte.

Die Villa Balbaniello wurde im 18. Jahrhundert auf einer Halbinsel im Comer See gebaut und ist von einem der am schönsten gelegenen Terrassengärten der Welt umgeben. Besucher, die »nach allen Sinnen nach dem Anblick schöner Landschaften« verlangen (Stendhal), erreichen Villa und Garten ausschließlich von der Seeseite.

Buchsbaum und Orangentöpfe: Terrassengärten der Renaissance

Nordeuropäische Gemüter verbinden von jeher mit Terrassengärten den Geruch von besonntem Buchsbaum, Orangen in Tontöpfen, Balustraden, kurz römische, mediterrane Vorstellungen. In den Mittelmeerländern finden sich auch die ersten neuzeitlichen Beispiele:
Am Anfang muß Pienza in der Toskana genannt werden, wo Pius II. 1459 an seinem Palast als erster seit der Antike wieder einen schwebenden Garten hoch über der Landschaft schuf. Ein Fenster in der Gartenmauer, die Arkaden des Palastes und die öffentliche Promenade unterhalb des Gartens sind zum Genuß der Aussicht angelegt, die noch heute beeindruckend ist.
Unter den Gartenterrassen konnten nutzbare Räume liegen oder leere Unterbauten. Oft begnügte man sich auch mit geschütteten Terrassen, wie sie zuerst auf der Liebesinsel in Francesco Colonnas phantastischem Roman »Hypnerotomachia Polifili« (1499) beschrieben sind. Seither wurde der Garten architektonisch geordnet gedacht, Treppen vermittelten zwischen den verschiedenen Etagen des Gartens wie zwischen denen des Hauses. Ein richtiger »Terrassengarten« entstand, wenn mehrere Terrassen den Garten

Shrubland Park. Ipswich, Suffolk, England 1858 (aus: The Oxford Companion to Gardens). Die Terrassenanlage wurde 1851-54 von dem Architekten Charles Barry im italienischen Stil geschaffen. Mit landschaftlichen Parkteilen in weiterer Entfernung vom Haus verbunden, ist diese Anlage ein Musterbeispiel des sogenannten gemischten Stils jener Zeit.

ausmachten. Unzählbar sind die Terrassengärten der Renaissance und des Barock. Bramantes Anlagen im Cortile del Belvedere des Papstes in Rom sind ein großartiges Beispiel und der Prototyp des italienischen Terrassengartens. Er ist nach dem Einbau zweier Querflügel leider nicht mehr erlebbar.
Die Villa d'Este in Tivoli (1560) und die Gärten von Saint-Germain-en-Laye bei Paris (1557) und Caprarola bei Rom (1559) sind wenig später entstanden. Viel beachtet waren auch die Orti Farnesiani in Rom, die Villen Aldobrandini in Frascati (1601) und Doria-Pamfili in Rom (1644). Diese großartigen Anlagen sind noch heute zu bewundern. Die Isola Bella im Lago Maggiore (um 1630) ist bis heute der wohl vollkommenste Terrassengarten (siehe Abbildung unten). Er erinnert mit seiner allseitigen Ausbildung an die heiligen Stufenpyramiden Mesopotamiens. Alle Terrassen werden hier von Mauern gehalten und lassen nichts mehr von der Natur der ursprünglichen Insel erkennen.
Dann müssen wir auf den spanischen Escorial (1562) hinweisen, der nicht bloß ein unförmiges Schloß darstellt, wie häufig behauptet wird, sondern der auch unvergleichliche Gartenterrassen umfaßt, von deren Buchsbaumparterres man in die tiefergelegenen Obstgärten und weit ins kastilische Land blickt. Der Bauherr, Philipp II., zu seiner Zeit mächtigster Herrscher der Welt, lieferte hiermit ein Vorbild für viele Nachahmer. Ludwig XIV. etwa ließ 1668 Le Nôtre die 2400 Meter lange Grande Terrasse von St. Germain anlegen, um fahrend über das Seinetal und Paris schauen zu können. Es dürfte die größte und teuerste Gartenterrasse aller Zeiten sein.
Auch in Deutschland fand man Gärten auf Dächern, über Zimmern und Gewölben (zum Beispiel Passauer und Nürnberger Burg). Im 17. Jahrhundert entstanden als berühmteste Terrassenanlagen Deutschlands die Gärten von Heidelberg (1613), die leider von den Truppen Ludwigs XIV. zerstört wurden.

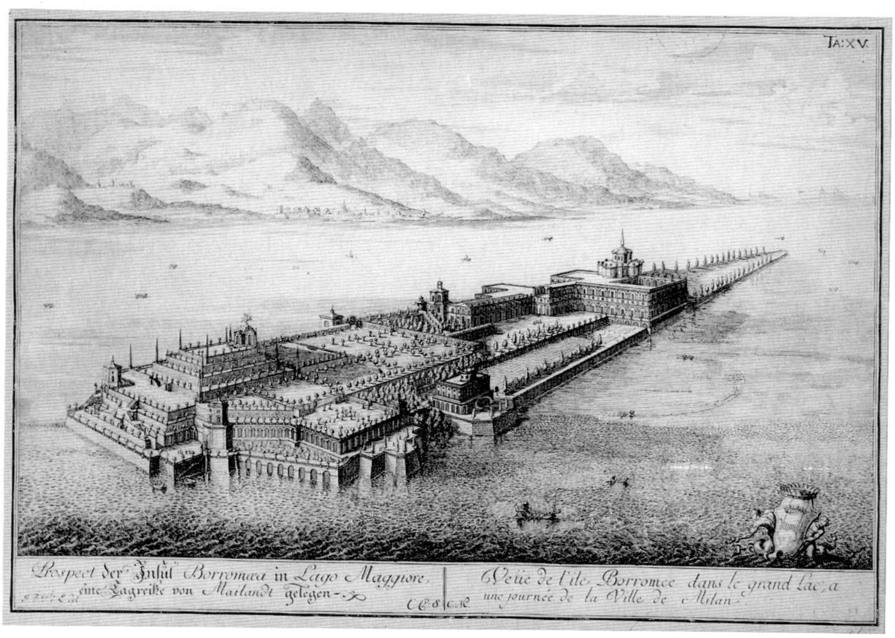

Die Isola Bella der Grafen Borromeo im Lago Maggiore (aus: J.B. Fischer v. Erlach: Entwurf einer historischen Architektur. Leipzig1725). Die um 1635 geschaffene Terrassenanlage war weltberühmt. Fischer v. Erlach maß ihr einen wichtigen Platz in der Architekturgeschichte bei. Viele namhafte Reisende besuchten, malten und beschrieben die einmalige Insel. Jean Paul ließ seinen »Titan« hier spielen, ohne selbst auf der Isola Bella gewesen zu sein. Das Schloß wurde erst im 20. Jahrhundert vollendet.

Höhepunkte der Terrassenkunst im Barock

Der Gartenintendant Ludwigs XIII., Jacques Boyceau, zog 1638 terrassierte Gärten ebenen lediglich deshalb vor, weil sie ermöglichten, den Entwurf von oben herab im ganzen zu beurteilen. Le Nôtre schuf dann die Terrassen von Vaux-le-Vicomte (1656), Versailles (1661), Sceaux (1670) und Meudon. Hier wandte er Prinzipien an, die auf der Isola Bella bereits vorgebildet waren. Denn spätestens seit der Isola Bella bezweckte der geschickte Gartenentwuf mehr als nur einen guten Aus- und Überblick. Die Terrassenmauern dienten auf raffinierte Weise dazu, dahinterliegende Gartenebenen oder Bauwerke zu verbergen, eigenständige Gartenräume zu bilden und Überraschungen zu bieten. In dieser Hinsicht sind die barocken Gärten Weiterentwicklungen jener aus der Renaissance und die italienischen Vorbilder für die französischen.

Im barocken Gartensystem, wie es Ludwig XIV. in Versailles prägte, ist es speziell die freie Kiesfläche vor der Gartenfassade des Schlosses, die als Terrasse bezeichnet wird. Von hier steigt man einige Stufen ins Parterre hinab. Das Boskett liegt, wenn möglich, noch tiefer. Die Nachahmungen von Versailles weisen dieselbe Abfolge auf, wenn auch die Höhenunterschiede oft, durch das Gelände bedingt, minimal sind wie in Charlottenburg. Terrasse, Parterre und Boskett sind hier die drei Hauptelemente des Gartens. Dézallier d'Argenville faßte 1709 in seiner Gartentheorie den Begriff »Terrasse« weiter: Danach sind Terrassen Gartenebenen, die auch Parterres und Bosketts tragen können, und das Parterre kann auch einmal direkt am Schloß beginnen. Ludwig XIV. schrieb Anweisungen, wie sein Garten in Versailles vornehmen Besuchern vorzuführen sei. Viermal sollte die Hauptachse auf dem Rundgang gekreuzt werden, jedesmal an einer anderen Stelle. Auf diese Weise erscheint das Schloß durch die kunstvolle Überschneidung der Terrassen jeweils ganz anders, als hätte es erst mehr, dann weniger Geschosse. Die Besucher, die der Achse ahnungslos geradeaus folgen, verpassen diese eingeplanten Überraschungen.

Das Wiener Belvedere (1716), Schloß Hof im Marchfeld (1729), die Brühlschen Terrassen in Dresden, Potsdam-Sanssouci (1747) und Queluz bei Lissabon (1760) sind die letzten großen Repräsentanten barocker Terrassenkunst. Bei den späteren kamen die Tricks Le Nôtres nicht mehr zum Tragen. Friedrich II. nahm es zum Leidwesen seiner Architekten in Kauf, daß Schloß Sanssouci in der Ansicht durch die Terrassen ganz häßlich überschnitten wird. Ihm ging es mehr um bequemes Heraustreten aus dem Schloß und um die Weinstöcke an den Terrassenmauern. In Queluz kam es auch weniger auf Perspektiven als vielmehr auf die kunstvolle Ausstattung der Terrassen mit Figuren und Brunnen an.

Es wird gegen Terrassen Front gemacht

Schon bei Dézallier zeichnete sich ab, daß man lieber ebenerdig vom Haus in den Garten trat als über Treppen. Die Gartentheorie der Aufklärung verabscheute Terrassenmauern geradezu. Ganz im Gegensatz zu dem oben erwähnten Barockgärtner Boyceau zog es der Rokoko-Schriftsteller Abbé Pluche hundert Jahre später vor, den Garten *nicht* auf einmal überblicken zu können. Watteau und Fragonard malten die Terrassengärten verwildert. Der englische Gärtner Stephen Switzer beschränkte sich in seinen Gartenentwürfen auf einen Meter hohe Terrassen und ersetzte die Terrassenmauern und Treppen durch Rasenböschungen, die Anfang des 18. Jahrhunderts sehr beliebt waren. Im englischen Park nach Lancelot Brown wird die Terrasse geflissentlich vermieden. Doch schlossen sich die romanischen Länder nicht ganz dieser Verdammung der Terrassen an. In Spanien etwa waren auch Ende des 18. Jahrhunderts Terrassengärten unvermindert aktuell (Laberinto in Barcelona-Horta, die Casitas beim Escorial, nordwestlich von Madrid).

Wiederentdeckung der Terrassengärten

Biedermeier und Romantik entdeckten im Norden die Terrassengärten wieder, ja sie wurden Inbegriff des Raumerlebnisses jener Zeit. Ablesbar ist das besonders an Schinkels Gemälden, wo man von Terrassen mit Bäumen, Schlössern, Kathedralen oder Rundbänken auf weite Landschaften hinabblickt. In England propagierte Humphry Repton wieder kleine Terrassen vor den Schlössern; John Nesfield und Charles Barry bauten umfangreiche Terrassengärten. Von diesen Vorstellungen zehrt auch die historistische Architektur.

Powerscourt bei Dublin (1841), Harewood in Yorkshire (1844), Osborne House auf der Isle of Wight (1845), Schloß Albrechtsberg bei Dresden (1850), Shrubland Park von Barry (1851, siehe Seite 11), die Neue Orangerie in Potsdam (1851), Kamenz in Schlesien (1859) und das bayerische Linderhof (1869) stehen als aufwendige, noch vorhandene Beispiele von Terrassengärten.

Biedermann sitzt im Garten

Die neuerliche Wertschätzung der Terrassen hatte auch mit der Nutzung zu tun. Im 19. Jahrhundert begann die bürgerliche Gartenkunst eine Rolle zu spielen. Aber auch adlige Bauherren bevorzugten ein bürgerlich anmutendes Gartenleben. Der Garten, so hieß es zum Beispiel bei Fürst Pückler, sei die Fortsetzung der Wohnung im Freien. Wollte man also draußen sitzen, möglichst mit schönem Ausblick, waren Terrassen am Haus der geeignete Ort. So wurde auch das »Stibadium« nach antikem Vorbild, ein bedeckter Sitzplatz zum Tafeln im Freien, wiederentdeckt und nachempfunden, etwa in Klein-Glienicke und Charlottenhof bei Potsdam oder in dem (zerstörten) Wintergarten Max' II. in der Münchener Residenz.
Eine Mittelstellung zwischen Sitzplatz und Terrasse nimmt die Veranda ein, ebenfalls ein Kind des 19. Jahrhunderts, der überdachte Sitzplatz am Haus, wie ihn Fontane in der Beschreibung des Herrensitzes in »Effi Briest« als typisch verewigt hat. Im bürgerlichen Garten wird Gartenmöbeln, die es freilich schon früher gab, besondere Aufmerksamkeit gewidmet. Die Vielfalt liebevoll entworfener Gartenmöbel aus der Zeit um 1800 ist heute nur noch selten zu bewundern, etwa in Goethes Garten an der Ilm in Weimar oder im gräflichen Garten zu Lütetsburg in Ostfriesland. In nostalgischer Rückwendung wiederentdeckt und nachgebaut aber wurden kürzlich die Gußeisen- und Knorpelmöbel aus der Mitte des 19. Jahrhunderts und die weißen Holzbänke und die zierlichen Klappstühle des Jugendstils.
Ende des 19. Jahrhunderts beliebte man über die Berechtigung von Terrassen im Garten heftig zu streiten. Der berühmte englische Gärtner William Robinson (1839–1935) lehnte sie als unnatürlich ab.Terrassenmauern, schrieb er, erinnerten ihn von außen an Gefängnismauern. Seine Gegenspieler, die Architekten John D. Sedding und Reginald Blomfield, schrieben, im Garten müßten die Kunst und die altenglische Tradition sichtbar sein. Deshalb gehörten zu ihrem Idealgarten immer Terrassen.

Mehr Gartenkultur tut not

Im 20. Jahrhundert legte man diesen Streit bei. Terrassen wurden noch einmal ein beliebtes Thema, italienische Gärten waren zum dritten Male Vorbilder. Friedrich Bauer etwa schuf 1907 in Berlin die gewaltigen Terrassen des Schillerparks. Erwin Barth bereiste Italien und legte in den Berliner Rehbergen 1926 eine lange, heute ohne Verständnis zugepflanzte Aussichtsterrasse an. Hans Poelzig plante 1916 für Konstantinopel ein grandioses Haus der Freundschaft als Stufenberg.
Heute ist die Terrasse Gemeingut. Einfamilienhäuser, Reihenhäuser und Lauben haben gewöhnlich eine Terrasse. Terrassen, die es wert wären, als Nachfolger der berühmten Beispiele der Vergangenheit zu gelten, setzen allerdings eine gehobene Gartenkultur voraus, die freilich nicht umsonst zu haben ist.

Ernst Rangs und Arnold Silberdorfs preisgekrönter Entwurf für ein Landhaus in einem Berliner Vorort. Die Ansicht zeigt den von Bäumen beschatteten Sitzplatz mit Blick auf das Haus, die von Blumenrabatten eingefaßte Tummelwiese und den Laubengang (aus: Wettbewerb der »Woche«, 1908).

Die Terrasse

Die erste bewußte Begegnung mit einer Gartenterrasse, die von einem Gartenarchitekten geplant worden war, hatte ich vor langer Zeit auf einer Bundesgartenschau. Dort wurden wie auf fast jeder späteren Ausstellung dieser Art sogenannte Hausgärten inszeniert, die unter anderem mit einer Terrasse ausgestattet waren. Sie sind mal mehr, mal weniger originell erdacht, doch stets sehr abstrakt dargestellt: mit einer Kulisse, die die Räumlichkeit eines Wohnhauses symbolisiert.

Im Prinzip ist das gar keine schlechte Methode, dem Unerfahrenen im Maßstab 1 : 1 zu demonstrieren, wie ein Sitzplatz im Garten angelegt werden kann.

Was mich damals beeindruckte, waren die verwendeten Materialien in Verbindung mit Pflanzen, aber das eigentlich Wesentliche und Typische, das eine Gartenterrasse ausmacht, das Einmalige und Individuelle war nicht zu sehen, von Gartenkultur ganz zu schweigen. Im Nachhinein betrachtet kann eine Terrasse, die im Rahmen einer Ausstellung gezeigt wird, ja auch nicht mehr als eines von fast unendlich vielen »Strickmustern« bieten.

Eine Terrasse am Haus zu bauen, ist eine kleine, aber ganz besondere Aufgabe, von der viele meinen, sie mit »links« bewältigen zu können, handelt es sich doch nur um einen Platz von geringer Größe. Das Ergebnis eines unüberlegten Umgangs ist ein Platz, der die in ihn gelegten Erwartungen eigentlich nur enttäuschen kann.

Ist das Gartenlust oder die Lust am Garten? Auf der Terrasse die letzte Abendsonne genießen – mit dem Blick über das weite, gut gepflegte Rasengrün, hinüber zu den Strauch- und Staudenrabatten. Das Geländer, das den Sitzplatz faßt, hat im Laufe der Jahre eine sympathische Patina aus immergrünem Efeu angenommen und wirkt nun freundlicher als zuvor.

Ein Platz zum Träumen, wo man geschützt sitzt und von einem Blumenmeer umgeben ist. Kletterrosen wie »New Dawn« haben im Laufe der letzten Jahre die Pergola mit einem dichten Geflecht überzogen. Der Blick geht auf abwechslungsreich bepflanzte Beete mit Tafelblatt (Rodgersia), Gefleckter Taubnessel (Lamium) und Funkien (Hosta). Der Bodenbelag ist schlicht: Betonplatten mit Streifen aus holländischem Klinker.

Warum sollte ihm besondere Aufmerksamkeit geschenkt werden? Der Grund, der jede Sorgfalt rechtfertigt, ist die Lage der Terrasse, denn sie gehört nicht mehr zum Haus und noch nicht ganz zum Garten. Da die Terrasse als Erweiterung des Wohnraumes anzusehen ist, bietet es sich an, die Architektur von innen nach außen fortzuführen. Oft fehlt es aber an der notwendigen Kenntnis für die Anlage eines Freisitzes, für die Einbindung und Weiterführung in den Garten. Man verrennt sich möglicherweise in grafische Effekthascherei, die viel zu wenig auf den wohlabgewogenen Zusammenklang von Haus und Garten achtet. Die Bepflanzung wird auf ein Minimum beschränkt. Die unersprießlichen Folgen sind nicht sofort zu spüren, weil Bauherren in aller Regel ja auf das Wachsen und Gedeihen der Pflanzen vertrauen und damit auf eine spätere, angenehme Atmosphäre hoffen.
Viel zu oft warten sie vergebens und ärgern sich zu lange über einen Platz, auf dem keine Gartenstimmung aufkommen will. Die Enttäuschung wäre zu vermeiden.

Haus und Garten ergänzen sich:
An den Wintergarten schließt die Holzterrasse auf gleicher Höhe an, von der man einen reizvollen Blick zurück und auf den Sitzplatz hat. Über ein paar Stufen erreicht man das 1,30 m tiefer liegende Plätzchen, das von einer weißen Mauer umgeben ist.

Begegnung von Haus und Garten

Worin besteht nun die Schwierigkeit bei der richtigen Planung einer Terrasse am Haus, der Schnittstelle von Architektur und Natur? Das größte Problem liegt zunächst in der Zeit, die man sich nicht nimmt, um in Muße über den geplanten Sitzplatz nachzudenken - ein Versäumnis, das sich rächt. Nur durch sorgfältige Überlegung zur beabsichtigten Nutzung dieser Gartenfläche läßt sich die Bedeutung eines so wichtigen Platzes erfahren, der unmittelbar an das Haus grenzt und mit ihm eng verbunden ist. Ein Entwurf kann nicht uneingeschränkt von irgendwoher kopiert werden, denn eine Terrasse ist ja in jeder Beziehung einmalig - in ihrem Umfeld und ihrer Architektur wie auch in bezug auf die Menschen, von denen sie genutzt werden soll. Das alles gründlich zu bedenken, lohnt um so mehr, als die Terrasse eine private, wenn nicht gar intime Sphäre darstellt. Und als solche bildet sie eine Einheit mit dem Garten; ob nun ein Zaun oder ein Tor diesen Bereich abgrenzt oder ob auf eine Abtrennung verzichtet wurde; und selbst dann, wenn es sich nicht vermeiden läßt, daß Nachbarn Einblick aus dem gegenüberliegenden Dachgeschoß haben oder wenn der Straßenverkehr lautstark vorbeirauscht. Diese Welt für sich setzt sich aus vielen Facetten zusammen.
Dazu gehören die Gewohnheiten, die Wünsche und Vorstellungen der Familie, der Eltern und Kinder. Eine große Rolle spielt die Persönlichkeit jedes einzelnen Bewohners, sein Vergnügen am Leben im Freien, seine Liebe zum exakt ausgefeilten Detail oder die Freude an der Eigenwilligkeit der Natur. Und das sind nur einige Gesichtspunkte, die berücksichtigt werden müssen, wenn eine Terrasse so gestaltet werden soll, daß sie allen Anforderungen über Jahre hin gerecht wird - wenn die Terrasse zum Treffpunkt für Familie und Freunde werden soll, aber auch, wenn man eher einen »kühlen« Ort zum Repräsentieren oder zum Feiern

eleganter Feste haben will. Wird es der gemütliche Platz mit einem großen Tisch darauf oder soll er romantisch verwinkelt mit üppiger Bepflanzung sein, so daß eine enge Verbindung zum Grün entstehen kann? Warum nicht auch einen Teich gestalterisch anbinden, da bei richtiger Anlage und Anordnung von Pflanzen eine Mückenplage nicht zu befürchten ist?

Einen großen Einfluß auf die Gestaltung hat auch die Formensprache der Architektur des Wohnhauses mit den eingesetzten Materialien und der Öffnung des Hauses nach außen. Große Fenster und Türen setzen für den Terrassenentwurf klare Vorgaben, ebenso wie die Bebauung der Nachbargrundstücke, vor allem, wenn sie deutlich ins Auge fällt.

Die Einbindung der Terrasse in das gesamte Grundstück wird außerdem von der Geländemodellierung und - falls vorhanden - von dem Bewuchs beeinflußt. Größere erhaltenswerte Bäume, deren Kronen natürlich Schatten werfen, müssen in die Konzeption des Sitzplatzes einbezogen werden und können ihn durchaus bereichern.

Häufig genug liegt - meist aus Kostengründen - das Erdgeschoß des Wohnhauses deutlich über dem Gartengelände. Ein Meter Höhenunterschied und mehr sind keine Seltenheit. Eine solche Situation erfordert ganz besonders sorgfältige Planung, um die Terrasse in den Garten wirklich einzubinden, also einen Platz entstehen zu lassen, der eine wohltuende Atmosphäre ausstrahlt, der aber gleichzeitig auch den Weg zu dem tiefergelegenen Gartenniveau »ebnet«. Es eröffnet sich die Chance, aus dieser schwierigen Situation etwas Einmaliges zu schaffen, nämlich Sitzplätze und Pflanzbeete auf verschiedenen Ebenen anzuordnen.

Aber diese Chance bleibt oft ungenutzt. In aller Regel wird vom Bauträger ein verschärftes Tempo eingelegt und zugunsten einer schnelleren Ausführung auf jede Planung verzichtet. In solchen Fällen verkommt die Terrasse, von sehr wenigen Ausnahmen abgesehen, zu einem ungeliebten Aussichtsplatz, der das Haus - ob es nun frei oder mit anderen dicht an dicht steht - entwertet und wo sich letztendlich niemand wohlfühlen wird. Die so entstandene Situation ist mit einer Bühne vergleichbar, von der man jedoch keine Beziehung zum »Auditorium«, in diesem Fall zum Garten, entwickeln kann. Vergeblich will man dann hier draußen bei schönem Wetter möglichst lange sitzen, hat man doch nur eine kleine ebene Sitzfläche geschaffen, die seitlich durch Böschungen, oft im Stil eines Steingartens, abgefangen wurde. Für die Nachbarn sitzt man sozusagen auf dem Präsentierteller.

Der vermeintliche Vorteil, von dieser höheren Warte aus das Grundstück in seiner ganzen Größe überblicken zu können, erweist sich bald als Nachteil. Es sei denn, es bietet sich zusätzlich ein Fernblick, der einem den Atem verschlägt.

Die Terrasse kann aber auch zu einem eigenen Kunstwerk gestaltet werden, das sich wie selbstverständlich an das Haus und in die künstlich geschaffene Natur, den Garten, fügt. Je nach dem Standort des Betrachters wechseln Perspektive und Stimmung des Gesamtkunstwerkes. Es versteht sich von selbst, daß auch die gesamte Möblierung Bestandteil einer solchen Planung sein muß.

So bedeutend die Beziehung der Terrasse zum Wohnraum ist, so entscheidend ist auch ihre weiterführende Verbindung zum Garten. Es ist abzuwägen, ob ein Weg oder ob Stufen aus ästhetischen oder praktischen Überlegungen notwendig sind oder ob lediglich eine Blickachse angemessen ist. Das Ziel aller Überlegungen sollte stets sein, die Neugier der Gartenbesitzer und ihrer Besucher zu wecken und einen Anreiz zu schaffen, das Grundstück mit all seinen natürlichen und architektonischen Reizen nicht nur von der Terrasse aus erleben zu wollen. Die Terrasse sollte zu einem Gang durch den Garten einladen, um von dort einen neuen Blickwinkel auf das Haus, den Wintergarten, die berankte Pergola, die Wege, Stufen und Bodenmodellierung, die Pflanzen oder einen Teich zu gewinnen.

Der nur 150 qm große Garten mit viel Rasen wurde vor seiner Umgestaltung kaum betreten. Wie läßt sich solch ein Grundstück besser nutzen? Der erste Schritt war der Anbau des Wintergartens, der zweite die Anlage der großen Holzterrasse mit einem kleinen Teich davor. So wurde das Wohnen im Grünen Wirklichkeit. Der Standort des Lebensbaumes am Haus blieb unverändert. Schnell verwischten die Spuren des Umbaus: Die Aufnahme entstand zwei Monate danach.

Wenn die Terrasse neu geplant werden muß ...

Haus und Garten sind häufig ungleiche Partner. Dem Haus läßt man alle Liebe angedeihen, während die Terrasse stiefmütterlich behandelt wird. Manchmal scheint es sich trotz der räumlichen Nähe um zwei Welten zu handeln. Der bereits vor Jahren angelegte Garten läßt aber trotz allem einen gewissen Charme ahnen; wenn man sich die häßlichen Verunstaltungen der jüngsten Zeit und die zu stark wuchernden Pflanzen einmal wegdenkt. Ein klarer Fall für den Landschaftsarchitekten, der gleich beurteilen kann, ob die schon groß gewordenen Bäume und Sträucher, die Stauden und Gräser, die Mauern, der Brunnen oder die Pergola - und zwar wiederum in Verbindung mit dem Haus und der Bepflanzung in den Nachbargärten - erhalten und in die neue Konzeption übernommen werden sollten.

Gewiß macht es einen Unterschied, ob sich die langjährigen Bewohner für die Erneuerung ihrer Terrasse entschließen oder ob sich die Neuanlage im Zuge eines Besitzerwechsels ergibt. In der Regel sind neue Besitzer verständlicherweise eher zu umfangreicheren Veränderungen bereit, da ja bereits der Hausumbau erhebliche Erneuerungen notwendig werden ließ, die sich dann nach draußen fortsetzen sollen. Oft sehen sie die Umgestaltung ihres Gartens als vordringlicher an und verschieben den Termin für die Renovierung der Innenräume. In letzter Zeit aber ziehen Hauseigentümer immer häufiger den Verbleib einem schon geplanten Umzug in ein »schöneres und größeres« Haus vor. Sie scheuen nicht nur die hohen Kosten des Wohnungswechsels, sondern sehen vielmehr die angenehmen Seiten ihres Hauses und Gartens. Aus solchen Überlegungen resultiert dann aber oftmals ein Umbau des Hauses und die Umgestaltung des Gartens.

Bei einer Erweiterung des Hauses, wie dem Anbau eines Wintergartens, sind grundsätzliche Überlegungen für die neue Plazierung der Terrasse erforderlich, da der bisherige Standort nicht so ohne weiteres in den Garten vorverlegt werden kann.

Bei dem Umbau einer Terrasse treten nach meiner Erfahrung folgende Situationen besonders häufig auf:

1. Die Terrasse liegt an einer Villa oder an einem Stadthaus aus dem vorigen Jahrhundert oder vom Anfang dieses Jahrhunderts. Hier gilt es, das wertvolle Alte mit seiner Tradition und seiner Patina liebevoll zu erhalten und, wo es notwendig ist, zu erneuern. Dies bedeutet aber keineswegs, daß man sich lediglich auf die vorhandene Bauweise beschränken muß. Die Erneuerung kann durchaus kontrastreiche Akzente setzen, da auch die Erwartungen, die an einen Garten gestellt werden, andere sind als vor 50 oder 100 Jahren. Nur eins dürfen sie in Verbindung mit einem alten Haus nicht sein: allzu modisch wirken, denn das bedeutet auch kurzlebig.

2. Die andere Situation: Die Umgestaltung einer Terrasse, die erst vor wenigen Jahren zusammen mit dem neuen Haus angelegt wurde. Weil das Geld für eine qualitätvolle Lösung damals fehlte und auch der Geschmack ein anderer war, begnügte man sich beispielsweise mit einer Terrasse aus Waschbetonplatten und bepflanzte den Garten mit Sträuchern, die billig zu haben waren, wie Forsythie, Spierstrauch oder Pfeifenstrauch. Nach zehn, zwanzig Jahren ist für solche Gärten meist die Zeit der Renovierung herangereift, denn die Materialien wirken mittlerweile häßlich, haben sich überlebt, und die Blütensträucher haben das Grundstück im Laufe der Jahre mit ihrem ungestümen Wuchs eingeengt. Hier heißt es auslichten und prüfen, ob und welche der Gehölze erhalten oder umgepflanzt werden können. Oft sind mehr als genug Sträucher oder Bäume vorhanden, die in der Fülle gar nicht mehr wirken.

Das unvergleichlich Reizvolle bei jeder dieser über Jahre gewachsenen Situationen ist, den genius loci, »den Schutzgeist des Ortes« dieser in sich einmaligen Lage zu erkennen und zu erhalten. Es kommt immer darauf an, nur das wirklich Lohnende bestehen zu lassen, um in Verbindung mit den vorhandenen Materialien etwas dauerhaft Schönes zu schaffen.

Die Terrasse am Neubau

Bei einem Neubau läßt sich die Lage des Hauses und damit auch der Terrasse im Zusammenspiel mit den Gegebenheiten des Grundstücks optimal ausloten. Allerdings ist es illusorisch zu glauben, daß in so einem Fall alle Möglichkeiten offen stünden. Bauliche Auflagen und Gegebenheiten auf den Nachbargrundstücken müssen berücksichtigt werden und zwingen zu Kompromissen. Wird im frühen Planungsstadium des Gebäudes ein Landschaftsarchitekt hinzugezogen, lassen sich alle Gesichtspunkte einer sinnvollen Grünplanung am besten berücksichtigen. Eine geräumige Terrasse vor dem Wohnraum zu haben, ist der große, fast selbstverständliche Wunsch vieler Bauherren. Es gilt aber abzuwägen, ob diese Lage auch richtig und gut gewählt ist. Die kurzen Wege vom Wohnraum und von der Küche sprechen eindeutig dafür, weil der Platz schnell erreichbar und alles Notwendige fürs Essen und Trinken bequem zur Hand ist und schnell abgeräumt werden kann. Häufig ist aber eine leicht versetzte Anordnung zu einer der beiden Seiten die bessere Lösung: So wird der Blick von drinnen in den Garten freigehalten und nicht durch Terrassenmöbel behindert. Vorübergehend wirken sie kaum störend. Wer aber während einer längeren Regenperiode auf die Terrasseneinrichtung schauen muß, dem wird die Möbelschau bald zum Ärgernis. Ob nun der Ausbau einer zentral angelegten Terrasse richtig ist, muß letztlich im engen Zusammenhang mit dem Grundriß des Hauses beurteilt werden. Sie kann sowohl repräsentative Züge tragen als auch durch geschickte Gliederung reizvolle Nischen bilden, so daß man sich auch allein oder zu zweit nicht verloren vorkommt. Gerade in diesem Punkt zeigt sich die Ausgewogenheit und Raffinesse einer gelungenen Lösung: Eine Terrasse muß den Aufenthalt gleichermaßen für wenige und für viele Menschen zum Vergnügen machen.

Oft erzielt man bessere, großzügigere Nutzungsmöglichkeiten der Freiräume am Haus, wenn vor mehreren Räumen kleine Plätze angelegt werden, die entweder getrennt oder zusammenhängend liegen. Zum Beispiel vor der Küche, dem Schlafzimmer, dem Kinder- oder dem Gästezimmer. Oder auch im Vorgarten gleich neben dem Hauseingang, wenn genügend Abstand zur Straße besteht. Wenn hier mit Morgensonne zu rechnen ist, gibt das einen beliebten Frühstücksplatz ab, einen Freiluftplatz für Haus- und Küchenarbeit, die sich draußen leichter und schöner erledigen läßt.

Belebende Elemente vor der Wand aus schön bearbeitetem Westfälischem Sandstein: der Windfang aus Stahl und Glas und der ungewöhnliche Gartentisch. Die Granitplatte liegt auf Kühlelementen eines ehemaligen Koksofens. Der Bodenbelag: handgefertigte Keramikfliesen, 27 x 27 cm groß.

Eine Schlüsselrolle spielen bei diesen Überlegungen das Klima und die Ausrichtung. Die Südlage mit praller, manchmal zu großer Mittagshitze ist für die große Wohnterrasse ungeeignet. Wegen ihrer ungeschützten Lage ist sie bei aller Liebe zur Sonne nur selten zu benutzen. Selbst bei ausreichender Beschattung durch eine Markise oder ein Sonnensegel kann man solch eine Lage wegen des ungünstigen Sonnenstandes und des grellen Lichtes nicht als ideal empfinden. Günstig dagegen ist die Ostlage mit der Morgensonne und noch besser die Orientierung nach Westen. Denn meist können sich Haus- und Gartenbesitzer nur am Abend Zeit nehmen, um die Stimmung zu genießen.

Der Terrassenhof als Teil der Architektur ist großzügig und schlicht gehalten. Das Wasser im langgestreckten Becken - ausgelegt mit dunkelblauen Mosaikfliesen - erfrischt in der Hitze des kalifornischen Sommers. Aus der hohen, weiß verputzten Mauer, die den Gartenraum begrenzt, sprudelt Wasser als wohltuende Geräuschkulisse.

Außergewöhnliche Grundstücke erfordern eine einfühlsame Planung. Bei diesem Weingut im kalifornischen Napa Valley paßt alles zusammen: der traumhafte Ausblick mit dem Garten, der sich seiner Umgebung unterordnet; die hohen Palmen flankieren den nachtblauen Swimmingpool und werfen ihre Schatten auf den erhöhten Sitzplatz.

Links: Der drei Meter breite Grenzabstand wird geschickt für einen Sitzplatz gleich vor der Küche genutzt (vorn), der mit Kies belegt ist. Die Materialien sollten schlicht sein. Deshalb wurden für die einfache Konstruktion feuerverzinkte Rechteckrohre gewählt. Das schräge Dach des »Gartenraumes« ist verglast, die Giebelseiten sind jedoch offen, so daß man bequem in den Garten und zu dem Gartenpavillon gehen kann.

Oben: Die Terrasse direkt am Haus ist bescheiden klein gehalten, um die Gartenbesitzerin und ihre Besucher in den Garten und ans Wasser, ein langes Teichrechteck, zu locken. Terrasse und Sitzplatz sind seitlich vor der weißen Holz-Sichtschutzwand angeordnet, von wo aus man einen besonders schönen Blick auf das Haus und das Wasser mit seiner Uferbepflanzung hat. Der schwarz lasierte Holzsteg unterbricht wohltuend die roten Steinflächen.

Die Sitzplätze

Märchenhaft: Das nicht alltägliche Grundstück mit einem alten Herrenhaus darauf hat durch ausgeklügelte Planung noch mehr Raffinesse erhalten. Das Geländer der fast zwei Meter breiten renovierungsbedürftigen Holzbrücke – der einzige Zugang zum Garten – wurde so gestaltet, daß hier zwei bequeme Sitzbänke Platz haben. So wandelte sich die Brücke von einem einfachen »Übergang« zum beliebten Frühstücksplatz. Der Pavillon im Hintergrund (Garden Decoration) ist dagegen ein Beispiel guter Gartenarchitektur und eher etwas für den Aufenthalt in den Abendstunden.

Nichts für Eilige

Wieviele Plätze braucht der Mensch als Gartenbesitzer? Einer jedenfalls ist nicht genug. Ich meine, daß zwei oder drei weitere gerade richtig sind. Die tatsächlich notwendige oder wünschenswerte Anzahl hängt sowohl von der Größe des Grundstücks als auch von seiner Lage ab. Wenn man mehrere einladende Plätze - also Inseln im Grünen - zur Wahl hat, macht das Gartenleben einfach mehr Spaß. Es ist ein schönes Gefühl, sich je nach Stimmung und Witterung die für den Augenblick optimale Umgebung aussuchen zu können. Wenn man die ersten warmen Sonnenstrahlen nutzen möchte, verlangt man nach einem geschützten Platz am Haus. An einem heißen Sommertag sind dagegen ein Schattenplatz oder ein kühles Plätzchen am Wasser, einem Teich, gefragt. Wer sich aber zum Lesen zurückziehen möchte, hält nach einem kleinen Winkel im Grünen Ausschau, der etwas abseits vom Leben im Haus liegt.

So launenhaft ist der Mensch. Je nach Klima und Witterung, nach Lust und Laune sitzt man mal lieber ganz bequem im Gartensessel, mal stellt man die Terrassenmöbel einfach auf den Rasen, mal ist man zufrieden, wenn man sich naturnah auf den Stufen der Holzterrasse oder auf einem Findling am Teich niederlassen kann, weil man von dort eine besonders schöne Perspektive hat oder den Sonnenuntergang genießen kann. Und für eine fröhliche Sommernachtsparty mit vielen Gästen ist es nicht nur schön, sondern auch praktisch, einen weiteren Platz außer der Terrasse zur Verfügung zu haben. Mit mehreren Sitzgelegenheiten macht man mehr aus seinem Garten.

Trotz der vielen Möglichkeiten gibt es Gartenbesitzer, die ihr Grundstück nur aus einem einzigen Blickwinkel kennen. Das macht Sinn, wenn der Garten von einer schönen landschaftlichen Atmosphäre geprägt wird, von einem angrenzenden See, einem Feld, einem Wald. Aber in vielen Gärten ist der Blick auch noch auf die Nachbarhäuser frei, deren Architektur man dann zwangsläufig bald genauer kennt als die der eigenen vier Wände. Das mag für manchen (aus Gewohnheit) nicht störend sein, es bleibt aber die Frage, warum man das Blickfeld ohne Not einschränken soll.

Dabei bieten fast alle Grundstücke, auch solche an Reihenhäusern, mindestens eine gute Möglichkeit, außer der Terrasse einen weiteren Sitzplatz anzulegen.

Wenn man den Garten als Erweiterung des Hauses ansieht - und dies trifft ja in mancher Hinsicht durchaus zu -, dann muß die Größe und Andersartigkeit des Grundstücks einfach genutzt werden. Denn sogar im Wohnhaus wechselt man gern den Platz zum Essen, zum gemütlichen Zusammensein, zum Lesen, Fernsehen oder Musikhören. Warum also nicht auch draußen, wo viel mehr Platz zur Verfügung steht? Es gibt keinen guten Grund, der dagegen spricht, aber viele Punkte, die diese Idee unterstützen:

Ein Sitzplatz, der losgelöst von der Terrasse im Garten angelegt wird, spielt vor allem die Rolle eines Anziehungspunktes. Ist der Platz, ob Sitzbank oder Pavillon, von der Terrasse aus zu sehen, oder auch nur zu erahnen, zieht es einen unwillkürlich hin. Und die Verlockung, hinzugehen bleibt immer bestehen - auch wenn man ihr nicht jedesmal nachgibt.

Ein Platz bietet eine willkommene Unterbrechung beim Rundgang durch den Garten und lädt dazu ein, sich Zeit zu nehmen - nicht zuletzt für sich selbst. Er öffnet dem Besitzer das Grundstück mit seiner individuellen Lage und seinen Reizen, weil er hier die Muße hat, in aller Ruhe und mit dem notwendigen Abstand zum Haus die Natur seines Gartens zu erleben. Ebenso soll dieser Platz Gelegenheit zur Verschnaufpause während der Gartenarbeit bieten, damit der Spaß daran erhalten bleibt und sie nicht zur Pflichtveranstaltung ausartet.

Alles in einem: Blickfang, Gartenlaube und Aussichtsplatz. Das »Fundament« bilden aneinandergereihte Betonsteine, sogenannte Karlsruher Gartensteine, die ein Rechteck in der Größe von 4 × 1,60 m bilden. Das im First 3,10 m hohe Spalierelement hat Metallrahmen und ist mit 10 cm Bodenfreiheit (Spritzschutz bei Regen) an den Betonsteinen montiert.

Der Sitzplatz im Garten wird meist zum bevorzugten abendlichen Aufenthaltsort, wenn er so angelegt ist, daß man hier noch die letzten Sonnenstrahlen genießen kann.
Er gewährt einen ungewohnten Einblick in den Garten – von hier aus sieht man viele Pflanzen aus der Nähe, nimmt ihren Blattaustrieb, ihre Blüten, ihr Laub und ihren Duft wahr. Im Grünen finden die großen und kleinen Tiere Nahrung, Unterschlupf oder Nistmöglichkeiten. Es kann zu einer lieben Gewohnheit werden, hier die Singvögel, Schmetterlinge, Libellen, Igel, Frösche und alle möglichen Kleintiere genauer zu beobachten, als es aus der Distanz vom Haus aus möglich wäre. Und wenn der Sitzplatz an einem Teich oder sogar auf einer Insel im Teich liegt, dann wird das Angebot an optischen Reizen um ein Vielfaches gesteigert.
Der Sitzplatz macht es ebenso möglich, das eigene Haus, die Besonderheiten seiner Architektur, seine begrünten Wände, den Wintergarten, die Pergola, das Holzspalier und vieles andere zu sehen und sich an den schönen Details zu erfreuen.

Für den rustikal gestalteten Teil eines Gartens, der weniger oft begangen wird als die Terrasse am Haus, ist ein gepflasterter Weg mit breiten Fugen oftmals das richtige: Natursteine wirken naturnaher. Hier führt der Pfad entlang des Teiches zu einem weiteren Sitzplatz im Garten.

Auf einem Sitzplatz entsteht eine völlig andere Gartenstimmung als auf der Terrasse am Haus. Während die Terrasse meist sehr intensiv gestaltet und möglichst bequem, also wohnlich geprägt ist, sollte der Sitzplatz im Grünen landschaftlich, mehr in die Natur eingebunden sein. Nicht zu vergessen ist der damit verbundene, klimatische Unterschied: Hier ist es meist angenehmer temperiert, das heißt kühler als auf der Terrasse am Haus, wo die Wärmeabstrahlung der Steinmaterialien für ein »Nachglühen« der Sonnenwärme sorgt. Allerdings wird es am Abend schnell luftfeucht und zu kühl, wenn der Tau fällt.
Eine grundsätzliche Frage entsteht bei der Anordnung der Terrasse und der Sitzplätze: Sollen sie jeweils gut sichtbar sein oder nicht? Beide Varianten haben ihre Vorteile. Nach meiner Erfahrung sind Gartenbesitzer immer für eine Lösung zu gewinnen, bei der ihr Grundstück - und damit auch die Sitzplätze - vom Wohnhaus aus gut sichtbar sind. Dagegen bedarf es einer erhöhten Überredungskunst, sie von einer weitaus raffinierteren Variante zu überzeugen, nämlich der, das Grundstück durch Bepflanzung und geschickte Wegeführung so zu verändern, daß der eine Sitzplatz vom anderen aus nicht zu sehen ist. Bei diesem Modell könnten sich die Plätze zum Beispiel hinter Hecken verbergen. Der Gewinn einer solchen Planung ist, daß durch dieses »Versteckspiel« Überraschungseffekte entstehen und der Garten deutlich größer erscheint, als er tatsächlich ist. Die Grenzen oder Grenzzäune, die normalerweise zur Orientierung dienen, verlieren an Bedeutung, weil der Bewuchs der Nachbargrundstücke optisch mit in den eigenen Garten einbezogen wird.

Eine gute Verbindung: Wege und Stufen

Nur nicht so viele Wege im Garten, dafür mehr Natur: das wünschen sich viele Gartenbesitzer, oft auch, um Kosten zu sparen. Dieser Wunsch ist verständlich, zeigt sich aber als wenig praktikabel. Denn überall dort, wo man häufig, also bei jeder Witterung, entlanggehen möchte, ist ein befestigter Weg wichtig. So schön ein Rasenweg auch sein mag - nach einem Regen oder wenn Tau gefallen ist, müßte man festes Schuhwerk oder Gummistiefel tragen ...
Nach meiner Meinung sind Wege keineswegs nur ein notwendiges Übel, sondern sie bieten auch allerhand gestalterischen Reiz. Wenn sie gut gelungen sind, das heißt, ihre Anbindung an die Terrasse und die Überleitung in den Garten richtig gewählt sind, »verführen« sie, sehr häufig in Kombination mit Stufen, zu einem anregenden Gang durch den Garten. Sie sorgen außerdem für eine sorgfältige Trennung der Pflanzung aus Stauden, Sträuchern und Rasen, vom Teich oder von einem Beet mit niedrigen Stauden und Gräsern.
Der Verbindungsweg zwischen der Terrasse am Haus und dem Sitzplatz im Garten kann ohne Niveauunterschiede verlaufen oder entsprechend dem Höhenunterschied durch Stufen gestaltet werden. In einem ebenen Gelände kann man sogar einen besonderen Akzent setzen, indem ein Höhenunterschied künstlich geschaffen wird.

Leben mit Kontrasten: Wohnen und arbeiten in der Großstadt, und zum Ausgleich das Refugium im Grünen südlich der Alpen. Der Garten für das eher einfache Haus liegt am Fuß eines Berges, an der Kante zu einem beinahe intakten Auenwald. Dieser Kontrast von Kultur und Natur wird zum Schwerpunkt. Man durchquert den künstlich geschaffenen Garten und erreicht auf der Böschungskante den aus Lärchenholz gebauten »Raum«, 2,50 x 3,75 m groß: einen Balkon unter einem Baum, der das unmittelbare Erlebnis mit der Natur ermöglicht.

Lange Blick- und Wegeachsen, die hier über bequeme Stufen zu einem transparenten Pavillon führen, entsprechen dem Geist formaler Gartenarchitektur, der immer häufiger in Gärten zu finden ist. Eine dichte Bepflanzung aus Frauenmantel (Alchemilla) und Kletterrosen, die an Eisenspalieren besonders wirkungsvoll blühen, hebt die Strenge der Gestaltung, der Buchsbaumspiralen und Kugel-Robinien, auf.

Rechte Seite:
Der Sitzplatz aus Porphyrplatten liegt in schönem Nachmittagslicht, ideal für die heißen Tage im Jahr. Die Ovalspalierwand bietet den heiteren, transparenten Rahmen für die Sitzgruppe Sylter Möbel.

Der richtige Standort

Natürlich beeinflussen eine Reihe von Faktoren die Anlage des Sitzplatzes: Die Gestalt des Grundstückes, die Ausrichtung nach einer Himmelsrichtung, Niveauunterschiede im Gelände oder eventuell vorhandene Bäume. Wenn die Terrasse stark der Sonne ausgesetzt ist, wird man den zweiten Sitzplatz eher in den Schatten verlegen, um auch klimatisch betrachtet eine Alternative zur Verfügung zu haben. Hat die Terrasse mehr Morgensonne, wird man versuchen, den Sitzplatz so zu legen, daß man hier die Abendsonne nutzen kann. Entscheidend kann aber auch sein, welcher Platz besonders geschützt liegt, um die Sonne im Vorfrühling oder noch im Spätherbst erleben zu können - und zwar geschützt vor den Blicken der Nachbarn.
Ein wichtiges Kriterium ist die Anordnung der Sitzplätze. Ein streng geometrisch angelegter, ein sogenannter formaler Garten verlangt nach klaren Strukturen. Sie sollten sich in den Achsen und in der Gestaltung von Platz- und Rasenflächen wiederholen: Geradlinige Wege führen zu einer Bank, einem Pavillon oder einem Sitzplatz, der eventuell mit dem Laubdach einer Pergola überdeckt ist.
Eine freiere, weniger konsequente Gestaltung ist erlaubt, wenn weiche Formen gewünscht werden. Sie wird meist schon von der Art und der Lage des Grundstücks vorgegeben. Und auch der Grundriß und die Architektur des Wohnhauses beeinflussen die Gartenarchitektur.
Zu welcher Lösung man sich letztlich entscheidet, ist im Grunde genommen unbedeutend: Sie sollte nur so ausfallen, daß sie trotz der größeren Entfernung zum Haus mit dem Gebäude und der Terrasse harmoniert. Außerdem sollte sie anregend wirken und stets eine angenehme Überraschung für den Betrachter bereit halten. Nur dann kann man sicher sein, daß der Sitzplatz gern akzeptiert wird. Und das ist für mich das Wichtigste.

Dort, wo die Felsen überwältigend sind und die Vegetation großzügig, da ist das Klima auf Sardinien sanft und angenehm. Ein Platz, an dem die Seele auftanken kann. Und dazu braucht es nicht viel: einen Pergolaplatz, dessen rustikale Konstruktion von Weinranken umspielt wird, eine Bank und ein Glas Rotwein oder zwei ...

Ein Plätzchen im Verborgenen - zum Träumen, Alleinsein, für die Einladung zu einer kleinen Kaffeetafel oder einem Lunch: die sonnig gelegene, gepflasterte Fläche (Granit-Kleinpflaster) wurde liebevoll eingerahmt. Blütensträucher, immergrüner Buchsbaum und hübsche dauerblühende Stauden vermitteln zu jeder Jahreszeit ein abwechslungsreiches Bild.

Links: Ein Pavillon offenbart immer wieder neue Reize. Dieser ist aus verschiedenen Perspektiven des Gartens ein Blickfang und lädt ebenso zum Verweilen ein. Zum freundlich einladenden Eindruck tragen auch attraktive Kübelpflanzen wie Buchsbaum und Wandelröschen (Lantana) bei.

Oben: Die alte Bank hat den richtigen Rahmen erhalten: Die »Laube«, eine etwa 1,20 m hohe Buchenhecke, umfaßt den runden Platz, der mit alten Kleinpflastersteinen bedeckt ist.

Nach mehr als 50 Jahren notwendig: die Gartenrenovierung. Die schönsten alten Bäume wurden freigestellt, so daß sie zur Wirkung kommen. Teiche wurden angelegt, um die Gartenpflege zu reduzieren. Passend zu der lichten Kulisse wurden die Pflanzen gewählt: Hartriegel (Cornus kousa) oben oder das Pfaffenhütchen (Euonymus alata) neben dem Tisch.

Alles ist auf rosa Töne abgestimmt, damit die Wirkung der schönen alten gußeisernen Bank (Farnmotive) nicht verlorengeht. Den schönsten Blickfang bietet die Kletterrose »Constance Spray«, die mit ihren gefüllten Blüten den ganzen Sommer lang bezaubernd duftet. Einen angenehmen Kontrast der Formen geben zwei Buchsbaumkugeln in Terrakottatöpfen ab.

Vom Wohnen im Garten

26 Beispiele – Terrassen zum Träumen, Sitzplätze zum Verlieben, Ideen zum Anregen

Terrassen und Sitzplätze sind so verschieden wie die Gärten und wie die Menschen, die sie bewohnen. Ihre Vielfalt kennt keine Grenzen: Sie können der Mittelpunkt des Sommeralltags sein, klein und anmutig oder groß und repräsentativ.
Auf den folgenden Seiten ist eine Auswahl an Gärten zu sehen, in denen die unterschiedlichsten Aspekte eine Rolle spielen. Mal ist es der Wunsch nach eleganten Sitzplätzen, mal nach einem gemütlichen Frühstücksplatz und sehr oft nach einem Platz, auf dem man am Abend noch die letzten Sonnenstrahlen genießen kann. Es sind Terrassen und Plätze, die harmonisch in das Gartenkonzept eingebunden sind und die auf heitere Weise in den Garten überleiten. Moderne Lösungen werden vorgestellt, aber auch solche, bei denen der Rückgriff auf die Tradition im Vordergrund steht. Und es wechseln sich Neuanlagen ab mit umgestalteten und erneuerten Gärten. Und fast immer ist Wasser dabei. Ein Teich gehört oft zur selbstverständlichen »Ausstattung« eines Sitzplatzes am Haus oder im Garten – am schönsten gleich mit einem Bach, der für noch mehr Leben im Garten sorgt.

Bangkok City. Wie ein Hufeisen legt sich das Haus um den Innenhof mit Swimmingpool, um den ständigen Straßenlärm fernzuhalten. Draußen quirliges Leben, hier drinnen schnörkellose Architektur, eine Oase der Ruhe. Lamellen aus Leichtmetall bieten Schutz vor tropischer Sonnenglut, sind auch Teil der Architektur. Auch am Eßplatz fehlen die Gegensätze nicht: polierter Granit kontra Korb, und darüber rekelt sich der immergrüne Klebsame (Pittosporum), eine duftend blühende Kübelpflanze, die in unserem Klima sogar leichten Frost verträgt.

Entwurf: Ulrich und Hannelore Timm, Hamburg

Schöner als Rasen: eine Terrasse am Teich

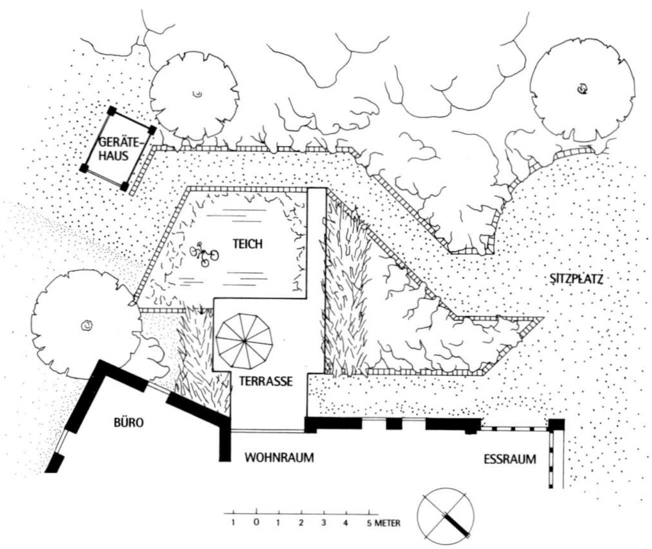

Ein großer Teich, viel Platz zum Sitzen und verwinkelte Pflanzflächen. Die Formen im Garten nehmen Bezug auf Architektur und Grundriß des Hauses.

Jahrelang bemühten sich die Bauherren, aus ihrem etwa 600 Quadratmeter großen Grundstück selbst das Beste zu machen. Sie ließen Wege mit Granit-Kleinpflaster und Klinker pflastern. Sie legten einen Spielrasen an und pflanzten, was ihnen gerade gefiel. Trotz ständiger Neupflanzungen wollte aber kein harmonischer Garten entstehen. Dann aber wünschte sich die Familie einen Teich, für dessen Planung ein neues Gesamtkonzept des gesamten Gartens erforderlich wurde. Auf Rasen konnte verzichtet werden, weil eine Spielwiese für die inzwischen herangewachsenen Kinder nicht mehr benötigt wurde. Das war gut so, denn der Teich sollte eine ansprechende Größe haben - und möglichst viel Platz zum Sitzen wünschten sich die gastfreundlichen Hausbesitzer auch. Aus diesen Wünschen ergab sich eine Unterteilung des Gartens in zwei Bereiche: in einen Teil mit Teich und Holzterrasse vor dem Wohnraum und einen Teil mit großem Allzwecksitzplatz vor dem Eßraum. Die Bereiche sind durch eine Bambushecke malerisch voneinander getrennt. Bei der Wahl der Formen und Proportionen wurde die Architektursprache der Fassade wieder aufgenommen. Ein schmaler Steg führt von der Holzterrasse entlang des Teiches auf den Rundweg in den Vordergarten. Vor der Küche und dem offenen Eßraum liegt der geräumige Sitzplatz; da können es auch einmal ein paar Gäste mehr sein. Dieser Platz und die Wege sind seitlich mit Großpflaster aufgekantet, damit eine gute Trennung der Pflanz- und Wegeflächen entsteht, und einheitlich mit hellem Granitsplitt bedeckt. Das wirkt großzügig.

Ein einladendes Plätzchen gleich vor dem Wohnraum. Nach der Umgestaltung sind Haus und Garten zu einer harmonischen Einheit zusammengewachsen. Der Teich - vorn mit einem Klinkermäuerchen eingefaßt - grenzt an die Terrasse und an den Weg aus hellem Granitsplitt.

Das Staudenbeet vor dem Eßraum mit Storchschnabel (Geranium endressii) und Rittersporn vor der (noch sehr transparenten) Bambushecke am Teich. Aufgekantete Pflastersteine trennen die Pflanz- und Wegeflächen. Für die Sitzplätze und die Wege wurde ein einheitlicher Belag gewählt: heller Granitsplitt.

Die geräumige Holzterrasse gleich vor dem Wohnraum wirkt zu fast jeder Tages- und Abendzeit einladend: Der Blick in den Teich wird nie langweilig. Im Hintergrund ist das Gerätehaus zu erkennen, ganz im Stil des Wohnhauses entworfen.

Entwurf: Corrie Poley-Bom, Nisse, Holland

Sitzplätze im Cottage-Garten

Der Eindruck dieses Gartens wird bestimmt von dem Wechsel streng geschnittener Hecken und scheinbarem Wildwuchs aus Stauden und Rosen, von Terrassen am Haus und Plätzen im Garten. Von hier aus läßt sich alles in Ruhe und nicht nur im Vorbeigehen genießen. Kurz gehaltene Rasenwege verbinden die Plätze miteinander.

Häuser und Gärten sind einer steten Veränderung unterworfen. Neue Generationen, neue Besitzer hegen andere Vorlieben und besitzen den Mut, Haus und Garten neuen Ideen anzupassen. Dieses Anwesen in Holland ist ein typisches Beispiel: Im Jahre 1600 wurde hier das Gutshaus von Nisse gebaut, das bis 1840 stand. Aus den Trümmern erwuchs ein Bauernhof mit vielen Stallungen, der lange Zeit mit Erfolg geführt wurde. 130 Jahre später war der Betrieb nicht mehr wirtschaftlich. Im Jahre 1973 kaufte Familie Poley das Anwesen und nutzt es nun ganz privat. Das Haus wurde umgebaut, aus den Ställen wurden Zimmer. Und aus dem Land hat Corrie Poley-Bom einen wunderbaren Cottage-Garten gemacht. Es dauerte allerdings seine Zeit, bis aus dem platten Land die hohen Hecken wuchsen, um den empfindlicheren Stauden Schutz zu bieten. Aber die Mühe hat sich gelohnt. Übrigens ist der »Cottage garden« keine Erfindung der Engländer, was naheliegen würde, sondern ursprünglich holländischer Herkunft. Diese Gartenidee kam erst mit dem Oranier Wilhelm III. auf die Insel, der 1689 zum König von England, Irland und Schottland gekrönt wurde. Aber schon lange vorher gärtnerten die Holländer an ihren »cottages«, Häusern im ländlichen Stil, schufen Heckenräume mit vielen Blumen.

Dieser Garten lebt von seiner Schlichtheit. Klinker und Hecken bilden schöne Plätze, die mit Blumen, Kräutern und Rosen zu verwunschenen Winkeln werden. Mehrjährige Stauden bilden den Schwerpunkt, da sie den Sommer über mit ihren Blüten erfreuen und von Jahr zu Jahr schöner werden. Allerdings machen sie auch Arbeit. Aber die scheut die Gartenkünstlerin nicht. »Es ist eine faszinierende Aufgabe«, erzählt sie, »etwas zu gestalten, auf das wir und unsere Freunde zu fast jeder Jahreszeit einen herrlichen Ausblick haben.«

Unter dem schönen Nußbaum können alle ihrem Hang zum romantischen Landleben nachgeben. Der Lieblingsplatz der Familie und der Tiere wirkt wie ein großer Gartenraum, der auf der hinteren Seite von einer Eibenhecke geschützt wird. Davor wachsen Stauden und Küchenkräuter wie Angelika und Fenchel. Um die kleine Skulptur einer Frau mit Hühnern und Enten versammeln sich immergrüne Halbkugeln aus Buchsbaum. Sehr reizvoll ist der Belag unter dem großen Walnußbaum: alte Klinker und alte Pflastersteine.

Entwurf: Volker und Helgard Püschel, Mettmann

Terrassen zur schönen Aussicht

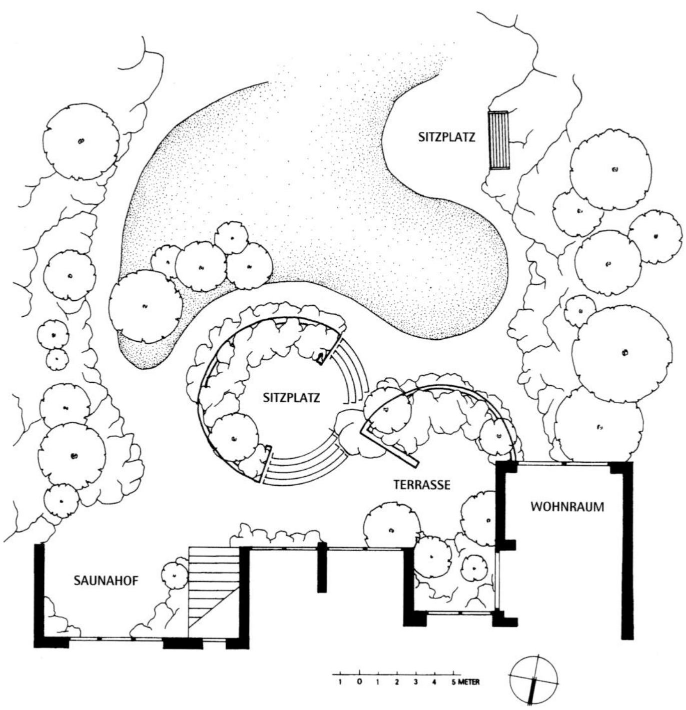

Rundungen bestimmen das Konzept des Entwurfes, der den Kontrast zu dem sehr kantigen Haus sucht. Die kreisförmige Terrasse und die Sitzplätze sind so angeordnet, daß der Ausblick in die Landschaft überall gewährleistet ist.

Um den Garten für die verschiedenen Bedürfnisse der Bewohner je nach Tages- und Jahreszeit und auch mit Rücksicht auf die Witterungsverhältnisse nutzbar zu machen, entstanden in dem relativ kleinen Areal vier verschiedene Sitzplätze, von denen die hausnahe Terrasse überdacht ist.
Bevor der eigentliche Garten angelegt werden konnte, mußte das Hanggelände zunächst einmal terrassiert und eingeebnet werden. Das Gelände mit einem Höhenunterschied von bis zu drei Metern wurde mit Betontraversen so abgestützt, daß innerhalb des Gartens noch gut ein Meter Differenz blieb. Und die wurde geschickt genutzt: Von der Terrasse am Haus geht es über drei Stufen zum nächsten Sitzplatz und von dort aus wieder über ein paar Stufen auf den gepflasterten Rundweg, der zum Sitzplatz im Garten führt. Mit einem romantischen Rosenbogen wird dieser Platz zu einem besonders liebenswürdigen Blickfang vor der hügeligen Kulisse des Neandertals nahe Düsseldorf. Die Rundungen im Garten stehen im gekonnten Kontrast zu dem kubistisch anmutenden Haus und schaffen einen gelungenen Übergang zur freien Natur.
Die Grenzbepflanzung zum Westen hin besteht vorwiegend aus heimischen Gehölzen, wie Eberesche, Hainbuche, Birke und einigen Schwarzkiefern (Winteraspekt), um die starken Winde vom freien Feld her abzufangen und für Menschen und die vielfältigen Pflanzen im Inneren des Gartens ein angenehmes Kleinklima zu schaffen.

Geschwungene und runde Flächen fügen sich am leichtesten in die natürliche Umgebung. Hier werden sie zum Kontrapunkt zu der kantigen Architektur des Hauses. Der Weg führt in sanftem Schwung auf den kreisrunden Sitzplatz mit der werdenden Rosenlaube. Der Belag aus Grauwacke-Mosaikpflaster und Granitkleinpflaster läßt ein feines Muster entstehen.

Die Mauern aus Betontraversen, die den Sitzplatz abstützen, werden hinter Pflanzen geschickt versteckt: mit Fingerhut, Himbeeren, Katzenminze (Nepeta), Rosen und dahinter mit Felsenmispel, Wacholder und Kletterhortensie. Die Aussicht von der Terrasse, wie sie kaum schöner sein kann: auf gepflasterte Wege und Stufen, blühende Beete, auf eine einladende Gartenbank, die von Kletterrosen, Sorte »Coral Dawn« (links) und »New Dawn«, umspielt wird und hinab in eine bezaubernde Landschaft, die sich im Laufe des Tages und im Wechsel der Jahreszeiten ständig verändert und ein immer wieder anderes Bild abgibt.

Entwurf: Wolfgang H. Niemeyer,
München

Gartenzimmer mit Tiefe

Oben: Das Gartenzimmer in seiner ganzen Größe. Das Granitkleinpflaster in schlichten gelblich-grauen Farben (auf Splitt verlegt) wurde als Bodenbelag gewählt.

Links: Die Kletterhortensie begrünt mit ihren kräftigen Trieben das Spalier und dringt in seine perspektivische Weite.

Der Fall ist keine Seltenheit: Der gesamte Atriumhof ist nur 42 Quadratmeter groß und soll einen ganzen Garten ersetzen. Mit Fichten und Wacholder versuchten die Hausbesitzer vergeblich, dem zimmergroßen Gartenhof mehr Leben einzuhauchen.

Zu viele Pflanzen verhinderten ein wohnliches Ambiente. Deshalb sah der Entwurf nur einen großen Gartenraum vor, in den die Sitzgruppe zusammen mit Kübelpflanzen gestellt werden konnte. Der Clou aber sind die feinen, grünlackierten Holzspaliere an den Wänden, die ein perspektivisches Motiv zeigen, ein wenig an den täuschenden Effekt des klassischen Trompe-l'œil erinnernd. So gewinnt der Betrachter den Eindruck von Weite - und seine Gedanken gehen mit. Die weißen Mauern und Trennwände werden mit diesem Trick ganz nebensächlich. An den Spalieren wachsen, je nachdem wie der Schatten fällt, Clematis, Efeu, Kletterbrombeere, Kletterhortensie, Kletterrose und Wilder Wein. Als Kübelpflanzen wurden Citrusgewächse gewählt, die in diesem geschützten, warmen Klima außerordentlich gut gedeihen.

Entwurf: Klaus Bierbaum, Mainz

Inseln der Entspannung

Mitten in der Stadt entstehen oft die interessantesten Situationen. Dort, wo umtriebige Geschäftigkeit herrscht, sucht man Ruhe als Gegenpol – im Alltag, in der Mittagspause, selbst dann, wenn nur wenige Minuten Zeit bleiben, um zu relaxen, zu sich selbst zu finden.

Im Anschluß an umfangreiche Veränderungen an den Gebäuden wie Anbau, Umbau und Sanierung entstand Platz für einen Stadtgarten. 340 Quadratmeter Freifläche verblieben nach Fertigstellung aller Anbauten, die einerseits von den Hausbewohnern und andererseits auch von den Mitarbeitern des Planungsbüros im Erdgeschoß genutzt werden können.

Die hohe Mauer, die das Grundstück einfaßt, bietet den Rahmen und den klimatischen Schutz für diesen Gartenhof, der mit einem Teich, einem Laubengang und einem großen Pavillon ausgestattet ist.

Den Betrachtern öffnen sich dank der abwechslungsreichen Folge von Wegen und Plätzen ganz verschiedene Perspektiven und Stimmungen.

Durch die Lage des Teiches mitten auf dem Grundstück und durch die Verlegung der Wege und Sitzplätze mit dem Pavillon in die Randbereiche wird die räumliche Wirkung, die den Garten optisch größer erscheinen läßt, als er in Wirklichkeit ist, noch betont.

An den Pflanzen, die hier verwendet wurden, ist ablesbar, daß der Standort mit Weinbauklima äußerst günstig ist. Hier wachsen zum Beispiel Feige, Losbaum (Clerodendron) und Zistrose. Ansonsten wurden ausschließlich Stauden und Sträucher gepflanzt, die entweder weiß oder blau blühen.

Außen- und Innenräume ergänzen sich harmonisch. Im Vordergrund das Planungsbüro mit einem Belag aus Keramikplatten; außen Basaltpflaster und Randsteine aus Basaltlava. Links im Hintergrund der Pavillon.

Schrittplatten aus Basaltlava-Blöcken führen um den Anbau des Hauses - im Erdgeschoß mit den Räumen des Planungsbüros - und laden zu einem kurzen Spaziergang in den Garten ein.

Entwurf: Ulrich und Hannelore Timm, Hamburg

Terrasse im Vorgarten

Die Wohnung im Hochparterre eines Mehrfamilienhauses verfügt nur selten über eine größere, nennenswerte Gartenfläche. Dies war auch auf diesem Grundstück nicht anders. 30 Quadratmeter Fläche zwischen Haus und Straße standen zur Disposition, um der Familie mit drei kleinen Kindern Sitz- und Spielplatz zu ermöglichen.
Eine Zweiteilung des Vorgartens bot sich – trotz der geringen Größe – an: Ein Sitzplatz für die Erwachsenen und ein Spielplatz für die Kleinen. Miteinander verbunden werden beide Bereiche durch ein schlichtes Ovalspalier, das im unteren Bereich leichten Sichtschutz gewährt, im oberen lediglich als Geländer dient.
So entstand auf der Ebene der Wohnung eine geräumige Holzterrasse, die natürlich auch von den Kindern zum Spielen genutzt werden kann. Der Vorbau des Wohnzimmers bildet einen geschützten Winkel, in dem man sich geborgen fühlen kann und einen schönen Überblick in den Garten und die umliegenden Straßen mit den dominierenden Platanen hat (großes Foto). Gleich neben der Terrassentür führt eine Treppe auf den tiefer gelegenen Kinderspielbereich, der mit Terrakottaplatten ausgelegt ist. Und wie läßt sich der Raum unter der Terrasse nutzen – bei nur einem Meter Höhe?
Nachdem die Holzbretter von der Unterseite so abgedichtet wurden, daß Regenwasser seitlich abgeführt wird, dient er als »Garage« für Spielzeug und Kinderautos und für eine fahrbare Sandkiste. So entsteht Ordnung, und hinter den beiden Türen ist alles bestens verwahrt.

Viel Platz auf kleinem Grundstück. Die untere Spielplatzfläche ist mit 40 × 40 cm großen Terrakottaplatten frostfest ausgelegt. Die Holztreppe mit sieben bequemen Stufen führt auf das obere Holzdeck und zur Terrassentür.

Von dem oberen Sitzplatz direkt vor dem Wohnraum hat man einen herrlichen Ausblick in den Garten und in die Krone der großen Platane. Das elegante Ovalspalier rahmt die Gartenfläche ein, bewahrt vor allzu neugierigen Blicken und setzt sich als schlichtes Terrassengeländer fort. Für die Pfosten mit dem schönen Profil wurde Bongossiholz gewählt. Der Belag der Terrasse besteht aus unbehandelten Eichenbrettern.

Entwurf: Baumgartner & Partner, Adligenswil, Schweiz

An Terrassen und Sitzplätzen wird nicht gespart

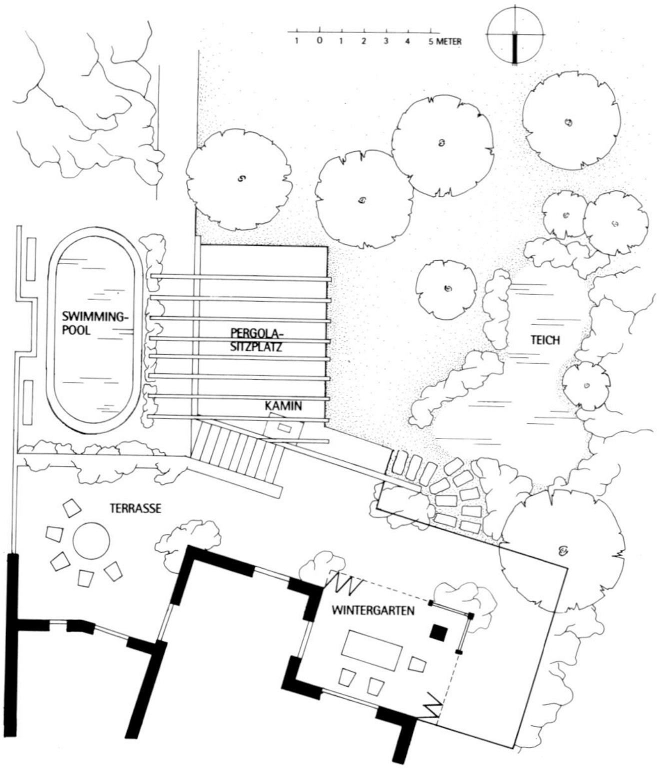

Zugegeben: Für ein Reihenhaus ist die Breite von etwa zwölf Metern ungewöhnlich. Aber Tatsache ist, daß das Grundstück des Endhauses eigentlich nicht groß ist. Was man auf kleinstem Raum machen kann, ist hier zu sehen. Zunächst wird ein Wintergarten mit faltbaren Türen eingebaut. An heißen Tagen ist er – gleich neben der Küche – ein idealer Schattenplatz. Im Winter bei geschlossenen Türen ist er der hellste Raum im ganzen Haus (und ideal für die vielen Kübelpflanzen). Die Terrasse vor dem Haus ist im Alltag mehr ein Durchgangsweg. Sie dient nur bei größeren Gartenfesten als Sitzplatz. Eine weitere Alternative zum Sitzen ist eher unter der Pergola, unmittelbar vor dem Hobbyraum zu finden.

Durch eine Betonmauer mitten im Grundstück entsteht – ein paar Stufen tiefer – eine gelungene Trennung zwischen dem Schwimmbecken und einem weiteren Pergolasitzplatz mit einem Gartenkamin, einem »cheminée«, wie die Schweizer sagen. Das ist der gemütliche Abendsitzplatz, von dem aus man einen herrlichen Blick auf den kleinen Teich mit einer Bank davor und auf die nahen Berge hat. Das Schwimmbad ist ein separater, ein wenig abgeschirmter Bereich mit zwei Steinbänken, einladend südlich und sonnig. Mehr und abwechslungsreichere Plätze als in diesem Garten braucht man eigentlich nicht. Und so bliebe der Pflegeaufwand im überschaubaren Rahmen, wenn da nicht der Wunsch nach vielen, vielen Kübelpflanzen wäre ...

Statt den geplanten Gemüsegarten zu realisieren, wollte die Gartenbesitzerin lieber baden gehen und ließ sich das etwa acht Meter lange Schwimmbad einbauen. Eine Investition, die sich lohnte: Es macht einfach Spaß, sich fast täglich darin zu erfrischen – ein Jungbrunnen ...

Das Graublau, das die Hausfassade prägt, wiederholt sich auf dem etwas tiefer gelegenen Pergolasitzplatz in der Fassung des Gartenkamins und den Fliesen auf dem Tisch. Als Belag wurde schlichtes Betonpflaster gewählt. Links am Kamin vorbei geht es über Natursteinstufen auf die Terrasse am Haus.

Oben: Der »Wintergarten« gleich neben der Küche mit Blick in den Garten und die Umgebung ist der Lieblingsplatz zu jeder Jahreszeit. Seine Türen lassen sich weit öffnen, so daß man den Eindruck gewinnt, man sitze draußen im Garten. Und überall quellen prächtige Blüten aus Töpfen und Schalen.

Mediterrane Atmosphäre vermittelt der Badeplatz. Die lebendig gestaltete Mauer fängt die Sonnenwärme ein und schützt vor Wind und Blicken. Gartenbambus, immergrünes Geißblatt (Lonicera henryi) und Schwertlilie (Iris) rahmen die beiden Bänke ein.

Entwurf: Eric Wamelink, Lievelde, Holland

Aussichtsloge mit Blick ins Grüne

Dieses Detail zeigt das Geländer der Terrasse und die Öffnung zu der Wendeltreppe in die Ebene des Erdgeschosses, die »pflegeleicht« mit Kies gedeckt ist. Die Schrittplatten sind hier eher ein architektonisches Stilmittel als funktionell.

Nicht jeder, der von einer Terrasse träumt, denkt dabei an den Duft von Blumen und Erde, den Blick auf Rosen und Stauden und die Weite des Rasens. Eine Terrasse am Haus kann durchaus gartennah sein, ohne deswegen gleich »erdverbunden« zu wirken; dieses Beispiel beweist es.

Die Terrasse dieses Grundstücks ist auf die erste Etage, auf die Wohnebene, verlegt, und das paßt hervorragend zu dem ungewöhnlichen, konsequenten Konzept von Haus und Garten.

Der holländische Architekt hat die üblichen Vorstellungen der Nutzung eines Hauses auf den Kopf gestellt. Das war auch der Wunsch der Bauherren, die moderner Architektur und unkonventionellen Lösungen gegenüber sehr aufgeschlossen sind. Hier liegen die Schlafräume im Erdgeschoß und die Wohnräume oben. Der Grund für diese ungewöhnliche Entscheidung waren vernünftige Überlegungen: Den freieren Ausblick und längeren Sonnenschein hat man in den Räumen in der oberen Etage; und in den Schlafräumen kann man eher auf Sonne verzichten. Damit waren auch die Standorte für die Terrassen vorgegeben, die das Wohngeschoß auf den Schmalseiten des Hauses abschließen.

Besonders eindrucksvoll ist die Terrasse auf der Südseite: Wie die Kommandobrücke eines Musikdampfers mutet sie unter dem weit vorkragenden Dach an, das von leuchtend gelb gestrichenen Pfosten gestützt wird. Der Zugang zum Garten erfolgt platzsparend über eine Wendeltreppe am Haus. Aber ob sie häufig benutzt wird? Wohl kaum. Dieser architektonische Garten bietet wenig Anreiz zu engem Kontakt. Was hier zählt, ist die abgehobene Aussichtslage der Terrasse über den Wipfeln dekorativer Kugel-Trompetenbäume (Catalpa bignonioides »Nana«), verbunden mit prägnanten Farben und Formen des Gebäudes. Architektur pur – vom Haus bis in den Garten.

Anders als jedes andere Grundstück: Die Terrasse in der ersten Etage ist ein prächtiger Aussichtsplatz mit einem ungewöhnlich schönen Rundumblick in die Weite der Brabanter Provinz.
Die Kronen der Kugel-Trompetenbäume werden im Laufe der Jahre zusammenwachsen und der konsequent gestalteten Kiesfläche die Strenge nehmen. Über ein Plattenraster wird der »Garten« erschlossen.

Entwurf: Bödeker, Wagenfeld & Partner, Düsseldorf. Mitarbeit: Birgit Schierling

Eine Terrasse wie ein Bootssteg

Das schöne, 1300 Quadratmeter große Grundstück hat einen Nachteil: die lange Straßenfront auf der Rückseite des Hauses. Eine Rotbuchenhecke besteht nur noch lückenhaft und gewährt den Bewohnern weder Lärm- noch Sichtschutz. Der beste Lärmschutz ist ein Erdwall, und hier war Platz genug, um einen schwungvollen Erdhügel mit einer Höhe von bis zu 1,50 Metern aufzuschütten und zu bepflanzen. Zur Straße hin wurden mit Efeu bepflanzte Böschungssteine aufeinandergesetzt.

Diese Maßnahmen waren die Voraussetzung zur Entstehung des Herzstückes dieses Gartens: den Teich mit einem großen Holzsteg und einer großen Terrasse (Teakholz) vor dem Haus, die teilweise über dem Wasser schwebt. Die schräge Anordnung der Holzbohlen verlegt den Hauptsitzplatz auf der Terrasse geschickt auf die Seite, damit von drinnen der Blick auf das Wasser frei bleibt und nicht durch Möbel behindert wird. Auf der gegenüberliegenden Seite des Teiches ist ein Sitzplatz mit ganz anderer, eher rustikaler Stimmung eingerichtet: rund wie ein Rondell und mit einem Belag aus Natursteinpflaster. Aus den breiten Fugen wächst trittfestes Gras. Der Platz wird von einer Hecke aus Gartenbambus eingefaßt.

Als Hausbaum wurde ein schöner großer Trompetenbaum gewählt. Im übrigen legten die Bauherren großen Wert auf Bewuchs mit heimischer Flora aus Bienennähr- und Vogelschutzgehölzen.

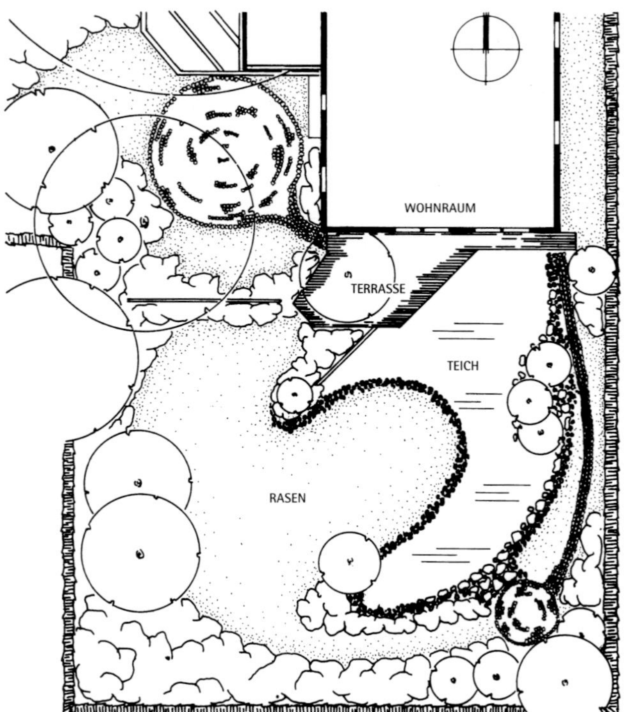

Hier wird die abgewinkelte Form der Terrasse (45 Grad) und ihre Anbindung an den Teich deutlich.

Ein schöner Blick auf das Haus: Wenige Wochen, nachdem der Garten angelegt wurde, sind ihm die Umgestaltungsarbeiten kaum mehr anzusehen. Vieles blüht schon prächtig, und das Gras wuchert aus den Fugen zwischen den Pflastersteinen auf dem rustikalen Sitzplatz.

Eine heitere Stimmung am Wasser: Die Terrasse liegt gut geschützt vor den Blicken der Nachbarn und abgeschirmt durch die schattenspendende, großblättrige Krone des Trompetenbaumes (Catalpa bignonioides). Die bequemen Möbel sind natürlich wetterfest.

Eine Terrasse für viele Gelegenheiten: Das Ufer ist naturnah mit Stauden, Kies, großen Findlingen und Gehölzen wie den großen Sumpfzypressen (Taxodium) gestaltet.

Entwurf: Horst Thanhäuser, Hamburg

Der Wohnraum wird erweitert

Zu den größten Vergnügen, die ein Garten bieten kann, zählt für viele Gartenbesitzer nicht nur die Möglichkeit, sich draußen aufzuhalten, sondern auch jene, im Freien zu speisen. Essen und trinken, schwelgen und den Tag genießen, das kann man das ganze Jahr über drinnen. Aber die Tage, an denen man draußen sein kann, sollten, wann immer es einzurichten ist, genutzt und das Eßzimmer nach draußen verlegt werden - mit allen Unwägbarkeiten und Unbequemlichkeiten, die sich dabei manchmal ergeben können. Die Atmosphäre im Garten ist viel natürlicher und ursprünglicher als im Haus, so daß man jede Gelegenheit ausnutzen »muß« - am besten spontan.

Dieser Freiluftraum bietet alle Möglichkeiten dazu. Seine Anlage ist, auch wenn erst nachträglich gebaut, ganz von der Architektursprache des Hauses und den hohen ästhetischen Ansprüchen seiner Bewohner geprägt. Schwarz lasiertes Holz wurde für die Terrasse und die offene Pergola verwendet, ein Pendant zu den angrenzenden Räumen, die ähnlich streng gegliedert sind. Obgleich der Garten, an eine romantische Bachlandschaft grenzend, nicht gerade von der Sonne verwöhnt wird, ist das in die Pergola gespannte Segel sehr nützlich. Es schützt Familie und Gäste vor abendlichem Tau und plötzlichen Regenschauern. Außerdem nimmt es dem Platz die Strenge und läßt ihn heiter wirken.

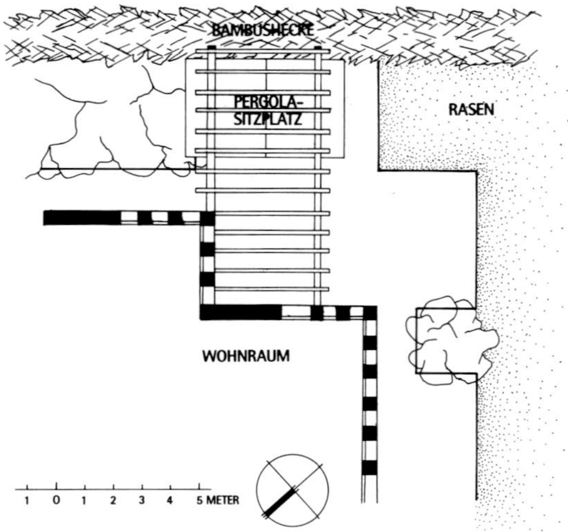

In klaren Formen und strengen Linien verlängert sich der Wohn- und Eßraum ins Freie zu einem Gartenraum mit eigenem Stil.

Die Terrasse ist einladend und wohnlich und bietet außerdem einen schönen Rundumblick auf das Haus und in den Garten. Das Holz für die schwarz lasierte Pergola und die Terrasse ist druckimprägnierte Kiefer - ganz im Farbton des Hauses. Im Vordergrund bedeckt immergrüner Ysander (Pachysandra) den Boden, an der Pergola klettert eine rosa blühende Waldrebe (Clematis montana »Rubens«).

Das Gartenzimmer - ein Platz für das reinste Vergnügen. Das Holzpodest, stufenlos von drinnen nach draußen verlegt, ist schön und pflegeleicht und läßt sich auch nach einem Regen gleich wieder trockenen Fußes betreten. Die Pergola deutet den äußeren Rahmen der Terrasse an, doch das eingehängte Sonnensegel sprengt ihn seitlich, um besseren Schutz vor Regen zu bieten. Mit einem einfachen Rohrgestell wird das Segel an den Seiten gespannt und im First durch eine Schnur straff gezogen. Es hält den ganzen Sommer über und weist Regen und Tau, aber auch Staub und Blätter ab, so daß die Möbel mit den breiten Lehnen länger draußen stehen können.

Entwurf: Henk Weijers Group Designers Landscapers, Haarlem, Holland

Sitzplätze (fast) mitten in der Natur

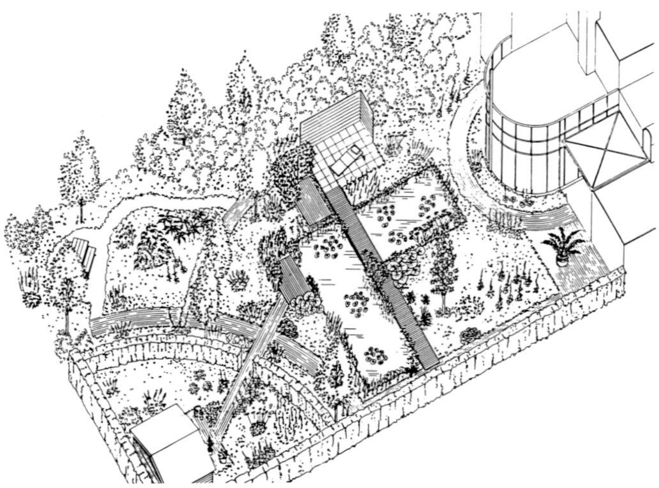

Kein Rasen, dafür aber viel Wasser und romantische Beete: Auf einen Meter breiten Wegen, die gepflastert oder als Holzsteg gearbeitet sind, spaziert man durch den Garten und »erobert« sich die künstlich geschaffene Natur.

Häuser und Gärten werden nicht für die Ewigkeit gebaut. Nach einem gewissen Zeitraum müssen die meisten den sich ändernden Lebensgewohnheiten der Bewohner angepaßt werden. Erst recht, wenn das Grundstück in andere Hände übergegangen ist.
Dieses Grundstück wurde etwa sechzig Jahre nach dem Erstbezug von Grund auf überholt. Das Haus in Nordholland, 1932 im Rietveld-Stil gebaut, sollte eine Öffnung zur Natur, zum Garten erfahren. So baute die neue Besitzerin, eine Innenarchitektin, den runden Vorbau stilgerecht an. Der alte Garten mit Rasen und Fichten paßte zu diesem Baukörper überhaupt nicht und mußte völlig verändert werden.
Der »neue« Garten sollte - im Gegensatz zum Haus - so natürlich wie möglich wirken, am besten der hinter dem Grundstück liegenden Weidelandschaft mit den vielen Wassergräben ähneln und dadurch einen schönen Übergang zur freien Natur schaffen. Der Entwurf entspricht ganz diesen Vorstellungen; der entstehende Garten verzichtet zugunsten von Wasser, Gräsern und Wildstauden auf Rasen. Die Umgestaltung dauerte nur wenige Wochen. Nun genießt die Besitzerin den »Panoramablick« durch die großen Fenster des Wohnraums auf ein Wechselbild von Wasser und geordneter Wildnis aus Sumpfgewächsen und Gräsern. Eine Terrasse am Haus und mehrere Sitzplätze im Garten bieten jede Möglichkeit, die verschiedenen Stimmungen des Gartens zu erleben - und auch den eigenen Stimmungen nachzugehen. Und davon wird häufig Gebrauch gemacht.

Ein liebenswerter Kontrast: die strenge, kubistische Architektur des Hauses (Rietveld-Stil) und die ungezwungene Teichlandschaft mit Gräsern wie Bambus (Phyllostachys), Lampenputzergras (Pennisetum) und vorn rechts dem Blutweiderich (Lythrum).

Gleich neben dem Haus, zwischen dem runden Anbau und der Garage, liegt einer der schönsten Plätze im Garten, in jedem Fall der sonnigste und der mit dem weitesten Blick in das fast natürlich wirkende Miteinander von Stauden, Gräsern und Büschen. Hier, so nahe an der Küche, ist der beliebte Eßplatz, hier sitzt man gern mit Freunden zusammen, die auf »einen Sprung« vorbeischauen. Aber Vorsicht ist geboten, damit die zarte Flora, die aus den Fugen der Basaltsplittplatten sprießt, nicht zertreten wird.

Verwunschene Sitzplätze im Bambuswald. Aber in diesem Garten gibt es eine Fülle weiterer Plätze. Warum nicht auf dem Holzsteg Platz nehmen und den Augenblick genießen? Und den Anblick der Glockenblumen, des Gelbfelberichs und des Teiches.

Entwurf: Helmer Raitz von Frentz, Krefeld

Sitzplatz statt Mistplatz

Eine fast alltägliche Geschichte: Ein kleiner Bauernhof im Niederrheinischen, etwa Ende des letzten Jahrhunderts gebaut, wird aufgegeben, weil sich seine Bewirtschaftung nicht mehr lohnt. Das Gebäude mit dem Grundstück wird verkauft. Eine neue Nutzung ergibt sich: Der Bauernhof wird unter Denkmalschutz gestellt und zu einem Wochenenddomizil mit privatem Reiterhof umgebaut. Die Vorfahrt zu den Ställen wird zum Garten.

Drei Meter vor der Wohnhalle, neben den Stallungen, wo früher der Mist lagerte, wurde ein vertiefter Sitzplatz angelegt. Über zwei Klinkerstufen geht man auf den großen Platz, in dessen Mittelpunkt ein alter Mühlstein aus einer Ölmühle (Rapsöl) ruht. Er ist Blickfang und dient je nach Gelegenheit als Eßtisch oder »Blumentisch«, Ablage beim kalten Buffet oder als Grilltisch. Eingefaßt wird der gepflasterte Platz von einem Klinkermäuerchen mit einer Abdeckung aus Holz, die jedoch zwischendurch von Klinkern unterbrochen wird. So bietet dieser Platz (Radius des Halbkreises sechs Meter) auch bei größeren Geselligkeiten ausreichenden Sitzplatz für viele Gäste.

Der neue Platz aus Klinker und alten Pflastersteinen (Grauwacke) fügt sich angenehm in das Ambiente des alten Hofes ein. Der nicht mehr benutzte Granitmühlstein aus einer benachbarten Ölmühle ist das zentrale Stück auf der Terrasse, die mit bequemen Gartenmöbeln und einer einfachen Holzbank viel Platz bietet.

Der Sitzplatz wird von einem hinter dem Mäuerchen aus Klinkern ansteigenden Staudenbeet umsäumt, das zu den Pferdekoppeln in der freien Landschaft überleitet. Liebevoll gepflegte Kübelpflanzen zieren das Plätzchen, wenn es nicht »bewohnt« wird.

Entwurf: Mark Mack,
San Francisco, USA

Ein Haus wie ein malerisches Dorf

Spielerische Übergänge von drinnen nach draußen, von der Terrasse unten am Haus bis hinauf zur Dachterrasse am Schlafraum. Dieses Haus bietet neue, ungewöhnliche Architektur, die dem Auge und der Gartenlandschaft guttut.

Ist dies der neue Baustil an Amerikas Westküste? Hier im kalifornischen Santa Monica ist ein wunderbares Haus in enger Zusammenarbeit des Architekten mit den Bauherren entstanden. Für die fünfköpfige Familie sollte ein Haus gebaut werden, das ganz auf ihre Bedürfnisse abgestimmt war.

In Kalifornien, dort, wo es angeblich nie regnet, lassen sich Außenräume leichter planen, läßt sich das Haus selbstverständlicher in den Garten erweitern. Außenräume sind obendrein billig und machen auch in diesem Klima - oder besonders hier – das Leben noch lebenswerter.

Zum Gesamtkonzept dieses Hauses gehörten ganz selbstverständlich Innen- und Außenräume. Die Flure sind nicht geradlinig, sondern knicken ab. Die Ebenen wechseln, und schließlich hat jeder Innenraum eine andere Höhe, die ihn unverwechselbar macht. Draußen setzt sich dieses Konzept fort. Es gibt Terrassen und Sitzplätze in jeder Größe, sonnig gelegen oder in leichtem Schatten, unmittelbar am Haus oder ein wenig entfernt, am Erdgeschoß oder am Schlafraum in der ersten Etage.

Und fast das Schönste sind die harmonisch aufeinander abgestimmten Pastellfarben und Nuancierungen.

Der Blick vom Dach zeigt die wohltuenden Farben und Schattierungen auf der Terrasse am Haus. Ein Ort, wo man sich gern aufhält, vor allem am Abend, wenn die Hitze abklingt. Alles ist schlicht gehalten. Die Hausbesitzer lieben die kräftigen, unverwechselbaren, aber keineswegs aufdringlichen Farben ihres Hauses, die in dezentem Kontrast zueinander stehen. Und das dumpfe Grün des Holzgeländers wiederholt sich wohltuend im natürlichen Grün.

Entwurf: Veronika und Henning Studte, Dieburg, mit Ingrid Andresen, Darmstadt

Das Paradies ist 50 Quadratmeter groß

Ein kleines Grundstück kann seinen Reiz haben, aber zunächst bringt es die meisten Gartenbesitzer zur Verzweiflung. Und dies aus zwei Gründen: Erstens ist es längst nicht groß genug, um alle Ideen und Wünsche zu verwirklichen, und zweitens ist die Nähe der Nachbarn gewöhnungsbedürftig. Besonders an einem Reihenhaus. Als diese Häusergruppe in der Nähe von Darmstadt gebaut wurde, wünschten sich die beiden Bauherren, sie Malerin und er Verwaltungswirt, das mittlere von drei Häusern. Es wirkte großzügig und war erschwinglich. Und nachdem ein Wintergarten auf der Gartenseite angebaut wurde (Entwurf Architekt Heinrich Dauscher), war das Haus für sie ideal. Nun blieb als Gartenfläche nur noch ein Rechteck in der Größe von 8,50 mal 6 Meter übrig. Für beide mußte ihr Garten grafische Linien haben, und so entwarfen sie mit Unterstützung einer Gartengestalterin ihren Wunschgarten, in dem alles spiegelbildlich angelegt ist: Die Terrasse am Haus, die Einfassungsmauern, der um eine Stufe tiefer gelegte »mediterrane Blumengarten« und der Sitzplatz unter der Pergola. Entsprechend zum Ziegelton der Dachpfannen wurde für alle Mauern, Sitz- und Wegeflächen roter Klinker gewählt.

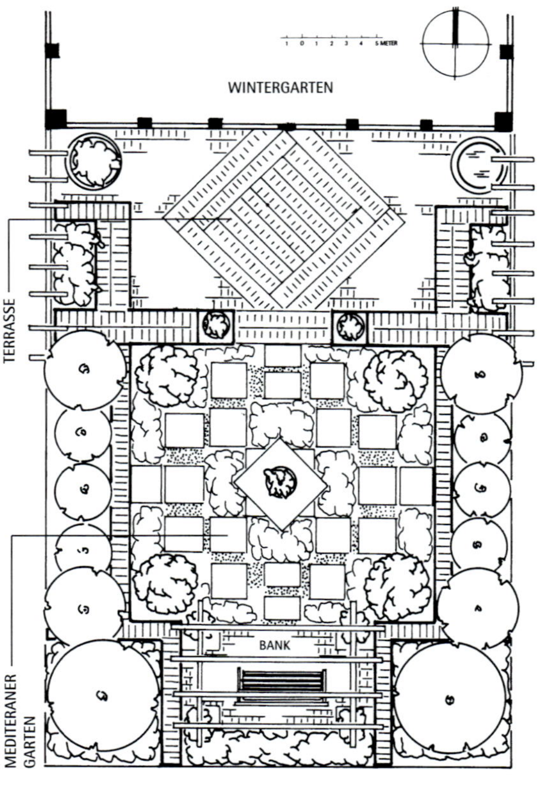

Zum Lageplan: Der Grundriß verdeutlicht die Symmetrie der Anlage. Ein Drittel ist Terrasse, zwei Drittel werden als Garten genutzt.

Die beiden Aufnahmen zeigen die Qualität des kleinen Gartens. Von dem stimmungsvollen Atriumhof führt der 1,30 m breite Durchgang in den leicht verwilderten Blumengarten mit südlichem Flair.

Entwurf: Ulrich und Hannelore Timm, Hamburg

Fast wieder wie früher

Gärten auf dem Land haben seit jeher ihre eigenen Gesetze. Sie erfüllen andere Aufgaben und sind eher unter praktischen Gesichtspunkten angelegt als diejenigen in der Stadt. Häufig wurden die alten Anlagen gerade in den letzten Jahren aber modernisiert. Dadurch wurden sie vielleicht pflegeleichter, aber gewiß nicht schöner. Wenn jedoch ein Grundstück mit einem alten Reetdachhaus in neue Hände übergeht, wird meist versucht, an die Tradition anzuknüpfen. Dieses Areal in Schleswig-Holstein übernahmen Städter, die ein Domizil fürs Wochenende suchten – und sie gaben Haus und Garten durch eine behutsame Veränderung das alte Gesicht zurück. Bei der Übernahme war der Garten nur noch zu erahnen. Eine breite Sandauffahrt führte bis vor das Haus. Dahinter wurden Kartoffeln, Kohl und Himbeeren »angebaut«. Ein einziger Sitzplatz war vorhanden, versteckt hinter den Säulen am Hauseingang.
Nun entstand aus der ehemaligen Zufahrt eine große Terrasse mit Südlage, die mit gebrauchten Pflastersteinen befestigt wurde. Sie bietet Platz genug für Nachbarn und Freunde. Um den Sitzplatz entsprechend der Tageszeit wechseln zu können und einen schönen Blick auf das Haus zu haben, wurden zwei weitere Plätze auf dem Rasen vorgesehen: ein größerer unter einem Marktschirm und ein kleinerer mit einer Teakholzbank als Blickfang.

Das 150 Jahre alte Reetdachhaus hat wieder einen schönen Garten – mit Himbeerreihen und Blumenbeeten, einer Kräuterecke und einem kleinen Gemüsegarten. Neben der Stalltür (rechts) ist eine Arbeitsplatte für die »Freiluftküche« montiert.

So ähnlich dürfte der Garten um die Jahrhundertwende ausgesehen haben: üppige Blumenbeete mit Indianernessel (Monarda), die mit niedrigem Buchsbaum eingefaßt sind, ein gepflasterter Sitzplatz gleich neben dem Hauseingang und langgestreckte Stockrosen, die die Wand schmücken.

Entwurf: Architekturbüro Landschaft + Garten, Solingen

Im Einklang mit der Landschaft

Ausblicke und Landschaft, Weite und Wald: Auf diesem Anwesen mitten in der münsterländischen Agrikulturlandschaft hat der Besucher alles auf einmal - und das in völliger Privatheit. Das weitläufige Grundstück umgibt das geräumige Landhaus aus dem Jahre 1951 und schafft einen gehörigen Abstand. Kein Nachbargebäude stört den Blick.
Bei der Erneuerung und Erweiterung des Gartens mußte zunächst der Baumbestand aus Eß- und Roßkastanie, Eiche und Hainbuche umfassend gelichtet werden, um Transparenz und Helligkeit zu erhalten und eine bessere räumliche Wirkung zu erzielen. Erst dadurch ergaben sich schöne Durchblicke und damit die Möglichkeit, verschiedene Sitzplätze einzurichten. Die Steinbänke dienen nun eher als Blickfang, doch an heißen Tagen sind sie als Schattenplätze besonders begehrt.
Ganz entscheidend war der Eingriff in den Rasen: dieser wurde – von der Terrasse am Haus abfallend – um bis zu 70 Zentimeter abgesenkt. Jetzt steht das Haus erhaben über dem ganzen Garten und erlaubt einen wundervollen Rundblick über das Gelände.
Der neu hinzuerworbene Gartenteil wurde großzügig als Weidenlandschaft gestaltet: Eichen, Weißweiden und Obstbäume wurden gepflanzt. Die Entwässerungsgräben erhielten eine Erweiterung zu langen Teichen; ihre Ufer wurden mit Farnen und Gräsern zu einem reizvollen Landschaftsbild modelliert. Hier am Wasser ergab sich einer der schönsten Ausblicke in das flache Land.

Der Garten bietet Möglichkeiten genug, den Sitzplatz ganz nach Belieben und Sonnenstand zu wählen. Wenn man der Natur nahe sein möchte, ist dieser Platz auf dem Rasen am Teich besonders beliebt: Der Blick auf das Haus ist äußerst reizvoll, und das Plätschern des Wasserlaufes wirkt anregend.

Eine gravierende, wenn auch kaum spürbare Veränderung auf dem ebenen Grundstück: Das Gelände zwischen der Villa und dem Teich wurde um 70 cm tiefer gelegt, damit das Landhaus nun auf einer leichten Anhöhe liegt und es seinem architektonischen Anspruch gerecht wird.

Das Material für diese Bank, Wesersandstein, lag bei der Umgestaltung bereits hier im Garten und wurde neu verwendet. Vor der Rhododendrongruppe bietet die Steinbank einen angenehmen Blickfang. Der Wald setzt sich aus Ahorn, Buche, Eiche, Maronenbaum und Roßkastanie zusammen.

Der Holzsteg weiter ab vom Haus ist ein beliebter Liege- und Sonnenplatz, weil er einen herrlichen Blick in die erst vor eineinhalb Jahren geschaffene Landschaft mit Schilf und Weiden bietet. Wie schön sich Teakholz im Laufe der Zeit farblich verändert und silbrig grau wird, ist an der Liege zu sehen.

Entwurf: Ulrich und Hannelore Timm, Hamburg

Italienische Eleganz

Die zeitgemäße Erweiterung des Wohnhauses und die damit verbundene Umgestaltung des Gartens waren längst überfällig. Jahrelang war das Grundstück nicht mehr so genutzt worden, wie seine schöne Lage es ermöglicht hätte. Haus und Garten gerieten mehr und mehr in Vergessenheit.
Als das Anwesen verkauft wurde, ging der Zuschlag an eine große Familie mit einem anspruchsvollen Lebensstil. Der Umbau und die Erweiterung des Hauses gaben dem Gebäude eine moderne Architektursprache (Seibold Planung), die sich auch zu Repräsentationszwecken eignet. Die Vorstellung der Besitzer war es, ihren ästhetischen Anspruch auch in den Außenräumen sichtbar werden zu lassen und die Terrasse und Sitzplätze für größere Gesellschaften nutzen zu können. Vor dem Eßraum breitet sich das große Freiluftzimmer nach Süden aus, von dem aus sich ein herrlicher Blick ins Tal bietet. Zwei miteinander korrespondierende Skulpturen aus Edelstahlblech von Lothar Maier mit dem Titel »Wasserpyramide« sind belebende Elemente und ein schöner Blickfang. Und wenn sich Familie, Freunde und Gäste um den großen Eßtisch versammeln, bleibt Platz genug für die Liegen und den Tisch am Ausguck.
Der Garten bietet noch weitere interessante Plätze. Eine elegante Terrasse ist dem angebauten Ostflügel vorangestellt, von dem aus man das schöne Blumenparterre mit den niedrigen Buchsbaumhecken überschauen kann. Andere Plätze sind unkonventionell: Sie liegen ganz markant nahe dem Hauseingang in der Achse des Arbeitszimmers. Zum Beispiel ein Rondell, ein Spiel mit runden Stufen, das zum Hinauf- und Hinabsteigen auffordert. Es lädt aber auch wie ein Amphitheater zum Sitzen ein.

Das »Amphitheater« mit dem extrem stilisierten weiblichen Torso aus fein geschliffenem Edelstahl von Lothar Maier leitet elegant in den höher gelegenen Garten über. Die halbkreisförmigen Stufen aus Pietra-Serena-Sandstein laden oberhalb der Betonmauer zum Sitzen ein. Der Kiesbelag für die Wege wirkt angenehm kontrastreich.

Die Terrasse vor dem Wohnraum, dem Ostflügel des Hauses, öffnet sich mit elegantem Bogen zum Parterre. Man schaut von hier auf einen formal angelegten Gartenteil. Die Beete in schwarzem oder weißem Splitt, mit Zierkohl bepflanzt, sind mit Buchsbaumhecken eingefaßt. An den Seiten stehen kegelförmige Eiben.

Die große Terrasse vor dem Eßraum ist in dezentem Muster ganz symmetrisch mit dem zurückhaltenden italienischen Sandstein Pietra-Serena belegt. Ein Streifen polierter Platten bildet einen Rahmen innerhalb der Fläche. Die Dekoration ist zurückhaltend: Terrakottakübel mit Rosenkugeln, Terrakottakugeln und Edelstahlskulpturen, hier die »weibliche«, hervorsprudelnde Form. Die Eibenhecken im Hintergrund mußten kräftig gestutzt werden, um wieder den Ausblick in die Landschaft möglich zu machen.

Die Eibenhecke bildet einen räumlichen Abschluß der Terrasse: Hinter dem Terrakottagefäß mit dem schönen, immergrünen Liguster-Hochstamm und der blühenden Fetthenne ist das »männliche« Gegenstück der Skulptur zu sehen. Die Konzentration richtet sich auf die Spitze der Skulptur und den ruhigen, fast meditativen Wasserverlauf aus 15 Öffnungen.

Entwurf: Günther Schulze, Hamburg

Ein Hauch von Japan, ein Stückchen Skandinavien

Das Haus mit der schlichten Klinkerfassade aus dem Jahre 1935 wurde vor zwölf Jahren gekauft und machte nach der Überarbeitung der Innenräume ein neues Konzept für den Garten erforderlich. Und da bestand ein erhebliches Problem: Wie überwindet man am besten den beachtlichen Höhenunterschied von fast zwei Metern zwischen dem Fußboden im Wohnraum und dem Gartenniveau?

Es wurde ein Landschaftsarchitekt eingeschaltet, und gleich beim ersten Gespräch äußerten die Bauherren – begeisterte Skandinavienliebhaber und gerade von einer Japanreise zurückgekehrt – ihre Vorstellung von ihrem Garten: viel Wasser, viel Holz und Windschutz an der Terrasse.

So wurde vor dem Wohnraum eine große Holzterrasse einschließlich einer Windschutzwand vorgesehen, die sich ganz heimelig unter einen Zweig des alten Apfelbaumes schiebt. Von hier aus hat man einen herrlichen Blick auf die hübsche Wasseranlage, die wie ein Bach in den Garten überleitet und den Weg zum hinteren Sitzplatz begrenzt.

Die Terrassen- und Stufenanlage vor dem Haus wirkt optisch sehr leicht und ist angenehm zu begehen – der Vorteil hat aber auch eine Kehrseite, und das ist die Pflege. Wenn das Holz nicht regelmäßig gereinigt wird, ist es bald rutschig. Ob sich die Bauherren wieder für diesen Holzbelag entscheiden würden, ist unsicher. Die Dame des Hauses wäre dagegen ...

Im Frühling, wenn Azaleen blühen und Ahorn sich mit leuchtendem Austrieb schmückt, ist der Garten besonders schön, und es macht Spaß, sich draußen aufzuhalten. Platz genug ist eingeplant: Fast vier Meter tief breitet sich die Terrasse vor der gesamten Gartenfront des Hauses aus.

Ein liebenswerter Platz: Unter dem sorgsam gehüteten und gepflegten Apfelbaum sitzt es sich herrlich – mit dem Blick in eine abwechslungsreiche Gartenlandschaft. Man hat die Wahl, wo man sitzen möchte: auf der fest eingebauten Holzbank oder auf den beweglichen Sesseln.

Entwurf: Volker und Helgard Püschel, Mettmann

Freiluftzimmer für den ganzen Sommer

Dieser Garten hat wie viele andere eine Vorgeschichte. Als das Haus von den jetzigen Besitzern übernommen wurde, wohnten hier drei »Parteien«, zu deren Wohnungen ein kleiner Garten gehörte, abgetrennt durch Hainbuchenhecken. Was tun mit so einem Grundstück – eingeengt zwischen Haus und Grenze? Ganz einfach: Für die neue Nutzung als Wohn- und Bürohaus wurde die vorhandene Gliederung einfach übernommen, sie spiegelt die Aufteilung des Hauses wider. Doch die drei Gartenräume fanden eine völlig neue Nutzung. Das wichtigste der drei »Gartenzimmer«, ganz links, ist nur etwa drei mal fünf Meter groß und dient bei Temperaturen über 15 Grad als Eß- und Wohnzimmer, sooft es sich zeitlich einrichten läßt. Die Hecke zum nächsten Gartenraum ist unterbrochen, damit man schnell an die Kräuter und frischen Gemüse kommt. Das langgestreckte Hochbeet ist ein ständiger Produzent leckerer Salate und Gemüse aller Art. Ganz rechts liegt der »Alterssitz« des pensionierten Vaters, der hier sein eigenes Stück Land betreut.

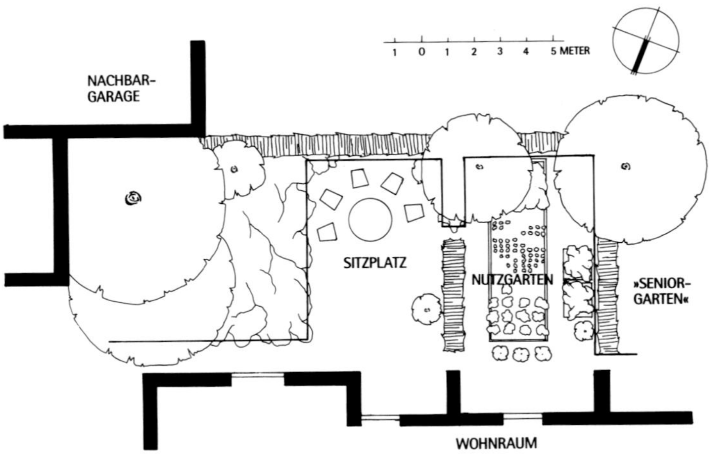

Der Ausschnitt des Grundstückes zeigt die Gliederung für das nur etwa sechs Meter tiefe Grundstück vor dem Wohnraum: Freiluftzimmer, Gemüsegarten und der Garten für den Vater.

Trotz der Nähe zum Nachbarn gemütliche Räume: Die Gartenzimmer sind durch Hainbuchenhecken voneinander getrennt, aber mit einem Durchgang verbunden. Die Möbel sind schön, aber nichts für »kleine« Leute, weil die Rückenlehnen sehr hoch hinausragen. Das kleine Gemüsehochbeet versorgt im Sommer sechs Personen mit frischen Vitaminen.

Entwurf: Paolo L. Bürgi, Camorino, Schweiz

Immergrüne Eichen - und sonst fast gar nichts

Für ein neoklassisches Haus aus den dreißiger Jahren wurde der Garten so angelegt, daß er den wuchtigen Baustil unterstreicht und die Proportionen zwischen gebauter und gewachsener, grüner Architektur festlegt: Haus und Garten wachsen hier zu einer stilistisch stimmigen Einheit zusammen.
Ein schöner geometrischer Platz, die Terrasse, fügt sich ganz zentral zwischen die beiden Seitenflügel, die Terrasse. Mittelpunkt des Gartens aber ist ein diagonal angeordneter Brunnen in einem leicht abgesenkten Rasenquadrat. Vier Hochstamm-Albizzien betonen den Brunnen und den Freiraum. Einzelne Kugel-Buchsbäume, in U-Form gepflanzt, entsprechen dem Grundriß des Hauses. Zu beiden Seiten der Mittelachse wird der zentrale Gartenraum durch siebzig Hochstämme Immergrüner Eichen (Quercus ilex) gefaßt. Die Baumkronen werden innerhalb nur weniger Jahre so ineinandergreifen, daß ein dichtes grünes Dach entsteht, das stets etwas transparent bleibt. Es gibt dem Garten einen angenehmen Schatten, während das Kernstück in der Sonne liegt. Und beim Durchschreiten der Baumreihen entstehen schöne Licht- und Schatteneffekte und ständig wechselnde Perspektiven. Das Besondere der Immergrünen Eiche aber ist ihr Laub: Jedes Blatt hat ein etwas anderes Aussehen.

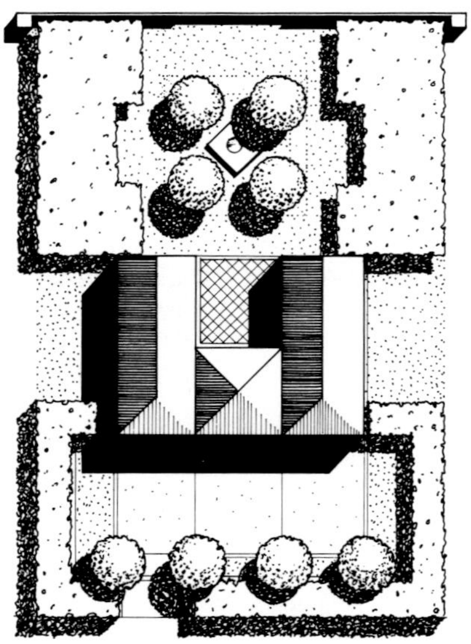

Die klaren Formen passen zu dem Baukörper: Hochstamm-Albizzien bestimmen den Vorgarten und die zentrale Lage des Brunnens im Wohngarten.

Rechts oben: Licht und Schatten unter dem grünen Dach der Immergrünen Eichen. Im Hintergrund der zentral angelegte Brunnen mit den Kugel-Buchsbäumen; links ist die Gartenfassade des großen Hauses zu erkennen.

Rechts: Der große Freiraum in der Mitte des Gartens wird durch das »Grünvolumen« der schönen Eichen begrenzt. So entsteht ein spannender Wechsel von sonnigen und schattigen Plätzen.

Entwurf: Martin Wagner, Carona, Schweiz

Alle Achtung vor Tessiner Bautradition

Das verfallene Haus, ein sogenannter Rustico, in einem Tessiner Dörfchen lockte eine Familie aufs Land, und sie tat das einzig Richtige: Sie ließ es so erneuern, daß es in jeder Beziehung zu einem Schmuckstück wurde, ohne aus dem Rahmen zu fallen.
In ihrem Architekten fand die Familie den idealen Partner. Er respektierte die jahrhundertealte Bautradition, die noch an den Gebäuderesten zu erkennen und an vielen Häusern im Dorf sichtbar war. Und zugleich wagte er einen Umbau für die Bedürfnisse von heute: Er schuf neue Anbauten, die in alter Handwerkstechnik erstanden und sich mühelos in das alte Dorfbild einfügen.
Zu dem Konzept der neuen Gebäude, die sich um den alten Hauskern gruppieren, gehören auch die Terrassen und Sitzplätze am Haus. Gerade hier, im bevorzugten Klima des Tessin, wo die Grenze zwischen Italien und der Schweiz fast fließend verläuft, sind die Außenplätze wichtig. Schon im zeitigen Frühjahr sitzt man gern draußen, um die ersten intensiven Sonnenstrahlen zu genießen. Ebenso braucht man schattige Plätze, um sich vor der starken Sommersonne schützen zu können.

Die Loggia unter dem schützenden Ziegeldach ist der Lieblingsplatz der Familie, der auch im Winter gern genutzt wird. Der überwältigende Blick auf die Berge über dem Luganer See lockt immer auf den Platz, auf dem Altes und Neues eine selbstverständliche Einheit bilden. Der konische Pfeiler, das einzige Bauzeugnis des ehemaligen Hauses, ergibt zusammen mit zeitgemäßen Materialien ein harmonisches Bild.

Der Bau von Pergolen in schönem Maggia-Gneis hat Tradition im Tessin. Warum aber nicht – bei allem Respekt vor Überliefertem – ein neues Design wagen? Für den geschützten Sitzplatz vor der Natursteinmauer wurden klare Formen aus Granit geschlagen, um daraus einen langen Tisch und Pergolastelen zu entwickeln. Die Öffnungen oben schaffen Platz für eine interessante Beleuchtung. Rohre und Spanndrähte sind die Grundlage für ein lebendes Laubdach aus Glyzine. Eine Lösung, die nicht nur im Tessin auf Zustimmung stößt.

Entwurf: Ulrich und Hannelore Timm, Hamburg

Zeitgemäße Architektursprache

Als das vorhandene Haus um- und angebaut werden sollte, mußte auch der Garten erneuert und den Wünschen der neuen Eigentümer angepaßt werden. »Planen Sie für uns einen nicht ganz normalen Garten« war der Tenor. Aber was ist normal? Das ist wohl ein Garten mit einer rechteckigen Terrasse, viel Rasen und Blütensträuchern an der Grundstücksgrenze. So entstand ein Garten, der ein wenig anders ist als andere – ohne exzentrisch zu sein.
In Anpassung an die Architektursprache des Hauses wurden großzügige Terrassenflächen auf der gesamten Gartenseite des Gebäudes vorgesehen. Sie bilden den eigentlichen Mittelpunkt des Gartens und des sommerlichen Gartenlebens. Begrenzt auf der einen Seite durch ein um eine Stufe erhöhtes Holzdeck mit einem anschließenden kleinen Kräutergärtchen. Auf der anderen Seite bildet ein Wasserbecken mit einem Brunnenstein den optischen Schwerpunkt. Da an der Fassade dezente Farben bevorzugt wurden, Grau und Weiß, wurde als Terrassenbelag ein optisch zurückhaltendes Material verwendet: italienischer Sandstein Pietra Serena.
Um den Zugang in den Garten attraktiv zu gestalten, nimmt ein Weg die Blickachse von der Terrassentür auf und durchquert den Garten fast bis zur Grundstücksgrenze. Auch hier wurde sorgfältig die optische Harmonie bedacht: Der Weg wurde mit Kies bedeckt.

Auf der linken Seite begrenzt das kleine trapezförmige Wasserbecken mit einer Natursteinskulptur die Terrasse, aus der Wasser rinnt (Künstler Otto Fröhlich).

Die geräumige Terrasse unter dem großen Sonnenschirm – mit sandgrauen Pietra-Serena-Platten belegt – ist der zentrale Eß- und Wohnplatz im Sommer und Blickpunkt aus allen Räumen des Hauses. Rechts in der Hausnische vor der Schiebetür ist ein Holzdeck eingeplant. Von hier aus führt der von duftendem Lavendel gesäumte Kiesweg in den Garten.

Entwurf: Christian H. G. Wegener, Hamburg

Ein Bach prägt die Sitzplätze

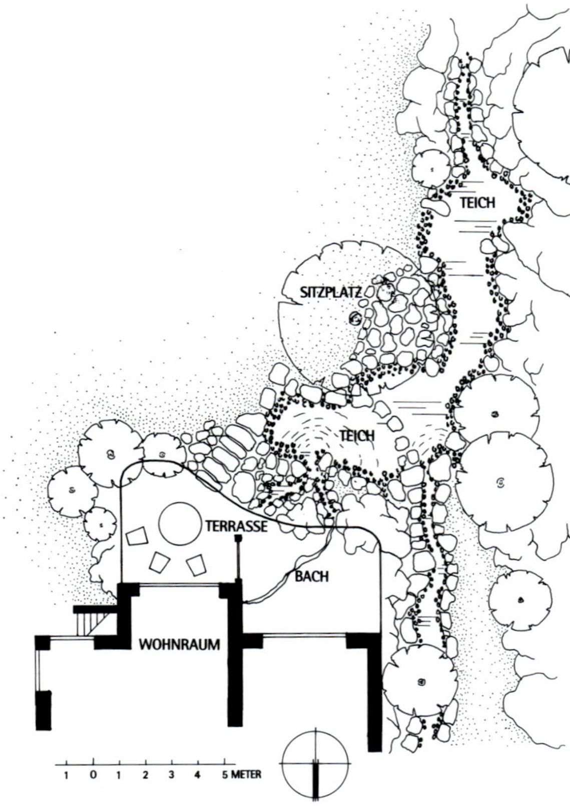

Geschickt gelöst: Der Blick von der Terrasse am Haus geht entweder über den Rasen in die Tiefe des Gartens oder trifft gleich vorne auf eine abwechslungsreiche Bachlandschaft mit Natursteinen.

Es war ein Garten der Mittelklasse: ein großes Grundstück, aber nichts Besonderes. Nur daß Langeweile zu grassieren begann. Welcher Reiz läßt sich auch schon einer Waschbetonterrasse mit angrenzendem Rasen abgewinnen?
Der neue Entwurf setzte seinen Schwerpunkt aufs Wasser. Ein Bach sollte auf der Terrasse am Haus »entspringen«, über die Böschung rinnen und in einen großen, länglichen Teich münden. Das Ganze wurde nicht unmittelbar hinter die Terrasse am Haus verlegt, sondern seitlich davon. So konnte der oft brachliegende Grenzstreifen genutzt werden, und der Blick auf den Teich bezieht – dank guter Nachbarschaft – auch das angrenzende Grundstück optisch mit ein. Die Böschung an der Terrasse, die Stufen, die Wege, der Sitzplatz am Wasser, dazu das Ufer und die Trittsteine im Teich sind mit ausgesuchten Findlingen gestaltet.

Rechts: Blütenzauber an der Teichanlage mit dem plätschernden Bach. Über die flach verlegten Findlinge gelangt man auf den Rasen und zum Sitzplatz am Wasser. Die Bepflanzung setzt sich vorwiegend aus Rhododendron-Sämlingen und Pontischen Azaleen zusammen. Im Sommer sorgt die Krone des Apfelbaumes für Schatten.

Unten: Das Haus hat einen Blickfang bekommen: eine lebendige Wasserlandschaft, mit blühenden Rhododendren und vielen Natursteinen.

Entwurf: Ulrich und Hannelore Timm, Hamburg

Als wär's ein kleiner Stadtpark

Die Grundstücke von Großstadtvillen aus der Jahrhundertwende nehmen sich oftmals unverhältnismäßig klein aus. Die dichte Bebauung erlaubte meist nur eine geringe Grundstückstiefe. In diesem Fall verblieb eine trapezförmige Rasenfläche von etwa elf mal elf Metern, die von einer ausladenden Rotbuche auf der Westseite des Grundstücks beschattet wurde. Als die neuen Eigentümer die Renovierung des Gebäudes abgeschlossen hatten, ließen sie sich von neuen Ideen zur Umgestaltung des vorhandenen Rasengartens überzeugen. Um die Grundstücksgröße so weitgehend wie möglich zu nutzen, schlugen die Gartenarchitekten vor, an den Seiten transparente, dunkelgrün lackierte Spalierwände aufzustellen, die dem eleganten Stil des Hauses entsprechen. Auf der linken Seite vom Haus wird die Spalierwand auf der gesamten Grundstücksgrenze aufgestellt, auf der rechten Seite sind lediglich zwei verspiegelte Spalierelemente vorgesehen, die von hohen Eibenhecken gerahmt werden. Auf der hinteren Grundstücksgrenze werden vorhandene Rhododendren ergänzt, um auch hier bestmöglichen Sichtschutz zu gewährleisten.
Die eigentliche Gartenfläche wird als quadratischer Sitzplatz angelegt, dessen Mittelstück ein Wasserbecken aus Sandstein bildet. Niedrige Buchsbaumhecken und bepflanzte Terrakottagefäße betonen die Ecken der gepflasterten Fläche. Je nach Sonneneinstrahlung kann man sich den besten Platz wählen. An heißen Sommertagen ist es besonders angenehm, auf dem Beckenrand zu sitzen und seine Hände im Wasser zu kühlen…

Der kleine Garten strahlt die Anmutung aus, als sei er in einen großen Stadtpark gebettet. Für den Mittelpunkt des gepflasterten Sitzplatzes, der von Buchsbaumhecken gefaßt wird, wurde das Wasserbecken entworfen. Im Hintergrund sind das transparente Spalier (Stuart Garden Architecture) und die Rotbuche zu erkennen.

Rechts: So entsteht die vervielfachte Herbststimmung. Die mittleren Spalierelemente werden als Trompe-l'œil ausgebildet, dessen Mittelteil verspiegelt wurde. Auf der gegenüberliegenden Seite stehen zwei gleiche Trompe-l'œil-Elemente mit einem Spiegel. Das ergibt das reizvolle Verwirrspiel.

Unten: Sanftes Licht aus sehr kleinen Strahlern, die mit Niedervolt-Halogenleuchten ausgerüstet sind, betont dezent das Efeugrün am Spalier.

Links: Am Tage sind die Strahler des amerikanischen Lichtsystems nahezu unsichtbar, und in der Dunkelheit geben die Leuchten ihr warmes Licht gezielt ab, so daß Gartenbilder von ungewohntem Reiz entstehen (Nightscaping).

Entwurf: Architekturbüro Landschaft + Garten, Solingen

Neue Ideen für einen Obstgarten

Ein früherer Obstbaumhof ist ein idealer Standort für einen Garten: Alte Obstbäume sind schön anzusehen, haben eine lichte Laubkrone und tragen köstliche Früchte. Zunächst muß aber das Ganze gelichtet werden, um in dem Garten ein Raumkonzept verwirklichen und Platz für Terrassen, Wege und Rasen schaffen zu können.

Auf diesem Grundstück nahe Düsseldorf standen noch etliche Fichten, die gefällt werden mußten. Sie verliehen dem Garten eine unerwünschte Schwarzwaldstimmung. Die Apfelbäume litten bereits unter ihnen. Erhalten blieben nur die besonders malerischen Obstbäume.

Der Wunsch der Dame des Hauses war es (sie hat einen hohen gesellschaftlichen Anspruch und ist zugleich zu einer passionierten Hobbygärtnerin geworden), den Rasen bis möglichst nahe an den Wohnraum zu führen. So entstand unmittelbar am Haus nur ein schmaler Weg mit einer kleinen Frühstücksterrasse, die von einem Stauden- und Rosenbeet gefaßt wird. Die eigentlich wichtige Gartenterrasse, die vom Haus auch schön anzusehen ist, liegt im lichten Schatten der Apfelbäume. Blütenstauden, Rosen (Sorten wie Blossom Time, Schneewittchen), Hibiskus und Hortensien rahmen den Platz auf der Rückseite hübsch ein. Auf den Rasen richtet sich der Blick fast ungestört – er wird nur durch üppig bepflanzte Kübel angenehm abgelenkt. Eine interessante Illuminierung des Gartens wird durch Strahler geschaffen, die den Rasen und die Bäume beleuchten.

Einladend: Der große gepflasterte Sitzplatz unter dem Apfelbaum. Von hier aus hat man einen schönen Blick auf das Haus mit der großen Blauzeder davor. In den Terrakottagefäßen wachsen Fuchsien, Heliotrop, Lobelien und Petunien.

Der Sitzplatz wird zum Mittelpunkt des Gartenlebens im Sommer – mit dem Blick zum Haus und auf das weitläufige Grundstück. Die bequemen Metallmöbel strahlen schlichte Eleganz aus; die Lehnen der Sessel sind zu einem Entenkopf geformt. Am Obstbaum klettern Rosen und Waldreben (Clematis) hoch.

Entwurf: Jack Chandler &
Associates, Yountville, USA;
Mitarbeit: Chris Moore

Ein kalifornischer Traum

Es gibt Glücksfälle im Leben, die man einfach ausnutzen muß: So suchte eine Familie ein großes Haus im kalifornischen Napa Valley und verliebte sich in eine traumhafte Villa, die gerade frei wurde. Die italienische Ausstrahlung gefiel spontan, weil sich das Haus mit seiner erdfarbenen Fassade anmutig in das Tal fügt, in dem ein berühmter Wein angebaut wird.

Allein der Garten hatte kaum etwas zu bieten: zu wenig Sitzplätze, keinen Spielplatz für die Kinder und keinen Swimmingpool, nur viel ursprüngliche Natur. Also wurde ein Landschaftsarchitekt engagiert, und innerhalb von sechs Monaten erhielt das Gelände ein völlig anderes Gesicht. Der abschüssige Garten wurde in mehrere Ebenen terrassiert, um besser genutzt werden zu können. Gleich vor dem Haus breitet sich nun ein großer Swimmingpool aus mit rundum viel Platz zum Sonnen und Sitzen. Unterhalb des Pools die Spielwiesen, neben dem Haus liegen die Schattenplätze. Auch sie sind sehr großzügig angelegt, um den Bedürfnissen der großen Familie und ihrer häufigen Gäste zu entsprechen.

Mit der Bepflanzung machte es sich der Landschaftsarchitekt »leicht«, da viele Bäume und Sträucher vorhanden waren: Wo Olivenbäume oder Eichen im Gelände die Realisierung seines Entwurfes störten, wurden sie einfach umgepflanzt. Mit einem Bulldozer. Hier wächst ja alles fast von selbst wieder an ...

Vor der malerischen Kulisse aus Olivenbäumen und Immergrünen Eichen: Klare Farben bestimmen das ausgewogene Konzept des Badegartens. Erdfarben für die Stufen, Mauern und die Einfassung des Pools, anthrazitfarbene Platten für alle Wegeflächen.

Italienische Vorbilder für den großen Sitzplatz lassen grüßen. So werden Haus und Garten zu einer Einheit. Statt Kies wurde hier Beton als Bodenbelag gewählt – mit schlichter Oberfläche und einem Rhombus als Mittelpunkt. Die Pergola mit detaillierten Rundpfosten bietet auch ohne Bewuchs viel Schatten.

Für den Badegarten unterhalb des Wohnhauses wurde das abschüssige Gelände großflächig terrassiert, damit hinter dem Swimmingpool genügend Platz für Liegen und Sessel entstand und in der Achse des Beckens das Badehaus gebaut werden konnte.

Richtige Größe und Proportion

Die Terrasse aus kesseldruckimprägniertem Kiefernholz wird hier zur Bühne, zu einer festlichen Überleitung in den Garten. Sie wirkt so harmonisch, weil das Umfeld stimmt. Die bequemen Möbel laden ein ...

Diese Erfahrung hat bestimmt jeder schon einmal gemacht: Wenn man ein Haus betritt, fühlt man sich spontan wohl, ohne dies vernünftig erklären zu können. Das kann an den Menschen liegen, die man besucht oder an der geschmackvollen Einrichtung. Häufig genug liegt noch ein anderer Grund vor: die gut gewählte Proportion der Räume. Wenn die Größe und Höhe in einem optimalen Verhältnis zueinander stehen und die Anordnung der Türen und Fenster harmonisch ist, entsteht dieser schöne Eindruck.

Bei den Außenräumen, also im Garten, ist es nicht anders. Hier gelten dieselben Gesetze von Harmonie wie in den Innenräumen: Außer der gut durchdachten Plazierung der Terrasse und des Sitzplatzes entscheiden ihre Ausmaße und damit die Proportionen über das Wohlbefinden ihrer Benutzer. Die Wahl der Materialien für den Belag ist zunächst noch nicht wichtig. Unbewußt bildet sich bei den Besuchern eine bestimmte Erwartungshaltung an die Einheit von Haus und Garten: So wie der Vorgarten, das Entree gestaltet ist und die Wohnräume des Hauses eingerichtet sind, so sollte sich die Gartenarchitektur im Bereich hinter dem Haus fortsetzen. Ob aufwendig oder schlicht, ist dabei gleichgültig, nur einheitlich sollte sie sein.

Vereinfacht ausgedrückt: Für ein geräumiges Haus mit großen und hohen Räumen kommt nur eine entsprechend großzügige Gartenterrasse in Frage. Dagegen verlangt ein bescheideneres Häuschen mit kleineren Innenräumen meist nach entsprechend weniger Platz im Freiraum, ohne daß die Terrasse deswegen an Charme einbüßen muß. Ideal wäre es, wenn die Terrasse ganz den Ausmaßen des Wohnraumes entspräche, also eine Tiefe von vier, fünf oder sechs Metern hätte – vorausgesetzt, daß das Grundstück die Möglichkeit dazu bietet. Bei den heutigen Preisen aller-

Eine Terrasse, wie sie sein soll – ein Plätzchen zum Wohlfühlen. Ob die Familie unter sich bleiben will oder ob Freunde zu Besuch sind – eine Terrasse soll zu einem grünen Gartenraum werden, der bei jeder Gelegenheit attraktiv wirkt. Das transparente Ovalspalier und die vergoldete Beetumrandung tragen phantasievoll dazu bei.

dings dürfte eine solche Gestaltung in vielen Fällen ein frommer Wunsch bleiben. Es werden immer häufiger Grundstücke angeboten, die zwar mit anspruchsvollen Häusern bebaut sind, wo aber die Grenzen sehr dicht (oft sogar zu dicht) am Haus verlaufen. Es muß dann ein Kompromiß gefunden werden, denn auf eine schöne Bepflanzung zugunsten einer größeren Terrasse will niemand verzichten.

Sogar die Höhe der Innenräume spielt eine wichtige Rolle, weil sie durch den Dachüberstand oder den Ausbau eines Balkons nach außen sichtbar wird.

Vorrang bei allen Planungen haben aber zunächst die gewünschten Nutzungsmöglichkeiten und die Einrichtung der Terrasse. Genügt die Möblierung mit einem kleinen, quadratischen oder runden Tisch, an dem vier Personen Platz finden? Oder erfordert bereits die Größe der Familie und des Freundeskreises eine größere Tafel? Der planende Landschaftsarchitekt hat vieles zu berücksichtigen, wenn er beauftragt wurde, Terrassen und Sitzplätze in einem harmonisch wirkenden Garten zu entwerfen. Zwar genügen nur wenige Quadratmeter, um draußen einigermaßen bequem stehen, sitzen oder liegen zu können. Als absolutes Mindestmaß für eine Terrasse gilt aber eine Fläche von drei mal vier

Metern, auf der sechs bis acht Personen um einen Eßtisch sitzen können. Zum Wohlfühlen allerdings braucht man mehr Platz. Wer den eigenen Flächenbedarf für die Terrasse ausrechnen möchte, sollte zu der gewünschten Tischgröße (meist etwa 80 cm breit und bis zu zwei Metern lang) und den Stühlen, die etwa eine Tiefe von 50 bis 60 cm haben, nochmals mindestens rundum 50 cm Raum zum »Stühlerücken« einkalkulieren. Hinzu kommen eventuell andere Gartenmöbel und Einrichtungsgegenstände wie eine Liege, ein Grill, ein Sonnenschirm, die ebenfalls bewegt und verstellt werden müssen. Ist die Terrasse oder der Sitzplatz mit einem Geländer, einer Mauer oder einem Sitzmäuerchen mit Bankauflage eingefaßt, wird es meist sowieso enger. Der Bewegungsraum wird durch solch einen festen Rahmen wesentlich stärker eingeschränkt, als wenn es sich bei der Begrenzung um ein Beet mit niedrigen Stauden oder um Rasen handelt.

Die Terrasse ist ein Freiluftraum, der so vielseitig wie nur denkbar genutzt wird. Bei schönem, warmen Wetter verlegt man im Sommer das Leben nach draußen. Spaß macht es, wenn hier möglichst viele Mahlzeiten eingenommen werden können. Zumindest am Wochenende schmeckt das Frühstück oder das Abendessen draußen doppelt so gut, selbst wenn es gelegentlich von einem heftigen Wind oder einem Regenschauer unterbrochen wird. Aber der Reiz am Essen im Freien ist groß und weitaus weniger »risikoreich« als bei einem Picknick. Es muß ein einladender Platz sein, auf dem man gerne Kaffee trinkt, grillt, sein Bier oder seinen Schoppen Wein trinkt. Es muß Freude machen, auf einer Liege auszuspannen, zu lesen, mit Nachbarn und Freunden zusammenzusitzen, zu erzählen, zu feiern und vieles andere mehr.

Aus all diesen ganz verschiedenen Nutzungsmöglichkeiten ergibt sich fast von selbst eine Gliederung dieses Wohnraumes im Garten. Nach meiner Erfahrung ist es für viele Grundstücke am schönsten, wenn die Terrasse optisch unterteilt wird: in einen größeren Bereich mit dem großen Tisch, an dem man zu mehreren sitzen kann und einen kleineren, wo man sich ein wenig zurückziehen kann, um zu lesen oder im Liegestuhl zu relaxen. Für Familien mit kleinen Kindern kann die Terrasse als günstig gelegener Spielplatz mitgenutzt werden. Mit einem Sandkasten ausgestattet, bietet er alles, was Kleinkinder brauchen. Später wird dieser Bereich dann umfunktioniert und wieder in eine Terrasse verwandelt. Vielleicht ist es aber auch ein geeigneter Platz für ein Blumenbeet oder einen kleinen Brunnen.

Eckig oder rund – auf die Form kommt es an

Die Form der Gartensitzplätze trägt maßgeblich zur Qualität der Proportionen bei: Für unmittelbar am Haus gelegene Terrassen wird man meist eine rechteckige Form der Gartensitzplätze wählen, die dem Haus am besten entspricht. Oftmals ist im Grundriß bereits ein Platz mit vorgezogenem Dach, eine Art Loggia, vorgesehen – eine praktische Lösung, um wenigstens in einem Teilbereich der Terrasse vor Regen geschützt sitzen zu können. Es kann aber auch sinnvoll sein, eine andere Terrassenform zu wählen, sie schräg im Winkel von 30 oder 45 Grad anzulegen, um dadurch eine dreieckige Form entstehen zu lassen. Auch eine Kreisform kann geeignet sein, wenn ein Kontrast zum Haus geschaffen werden soll. Zu einem solchen Mittel sollte man aber niemals aus purer Freude an Effekten greifen, weil der Gag zu kurzlebig ist.

Bei der Gestaltung der Terrassen und Sitzplätze abseits vom Haus ist man ungebundener. Es kann durchaus schön sein, sich hier an natürlichere Formen zu halten, wenn der Platz in ein Stauden- oder Rosenbeet gebettet ist oder sich an eine Strauchpflanzung »anlehnt«. Oft ist auch hier eine rechteckige Gestaltung die beste Lösung. Runde oder winkelige Formen bilden eher die Ausnahme.

Die Größe wird wiederum von der Nutzung bestimmt. Das heißt: Die Gartenbesitzer sollten klare Vorstellungen davon haben, wie sie in dem Garten leben

Nach Plan: So vielfältig können Terrassen und Sitzplätze sein

Die große Terrasse und der kleinere Frühstücksplatz wurden so angelegt, daß der Blick in den Garten fast ungestört bleibt und vor allem so, daß der Durchgang in den Garten und zu dem tiefer gelegenen Sitzplatz in der Heckennische nicht versperrt wird.

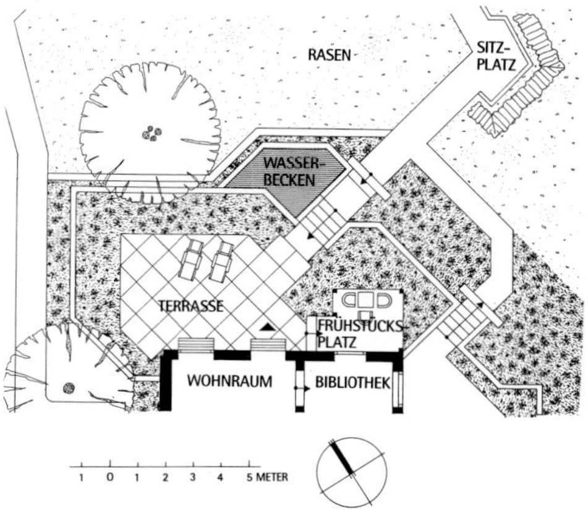

Wegen des angebauten Wintergartens mußte der Sitzplatz verlegt werden. Unmittelbar vor dem Wintergarten verbleibt eine kleine Terrasse, gegenüber – in gerader Achse – ist ein gemütlicher Pergolasitzplatz vorgesehen. Beim Gang durch den Garten kann man auch am Teich eine Rast einlegen.

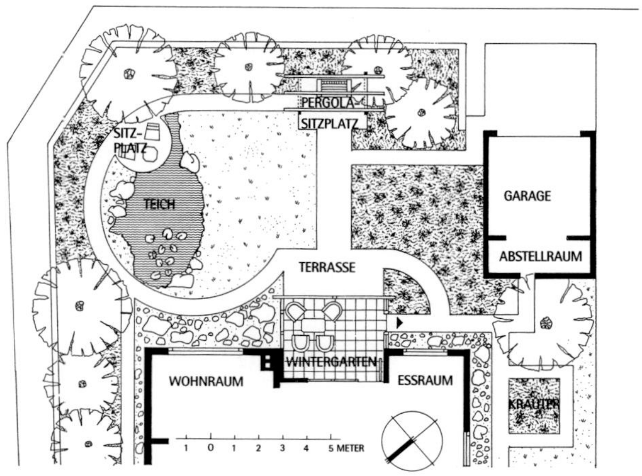

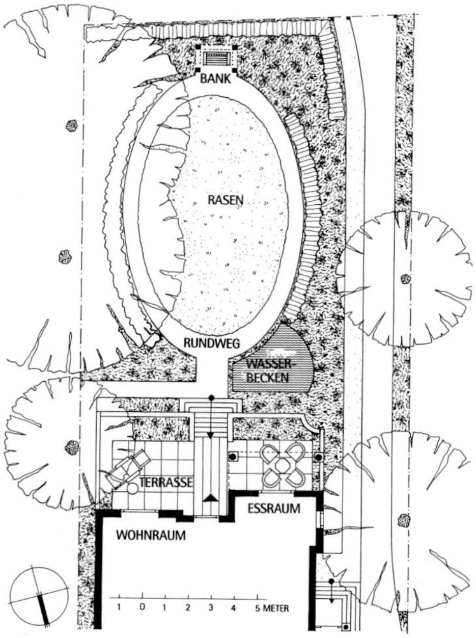

Zu dem etwa einhundert Jahre alten Haus wurde ein Entwurf gewählt, der die klassische Ovalform für das Rasengrün vorsieht. Die Terrasse am Haus ist in zwei Bereiche geteilt, so daß man seinen Platz wählen kann. In der Mitte verläuft der Zugang zum tieferliegenden Garten – unter Betonung der Blickachse bis zu der Sitzbank im hinteren Teil des Gartens.

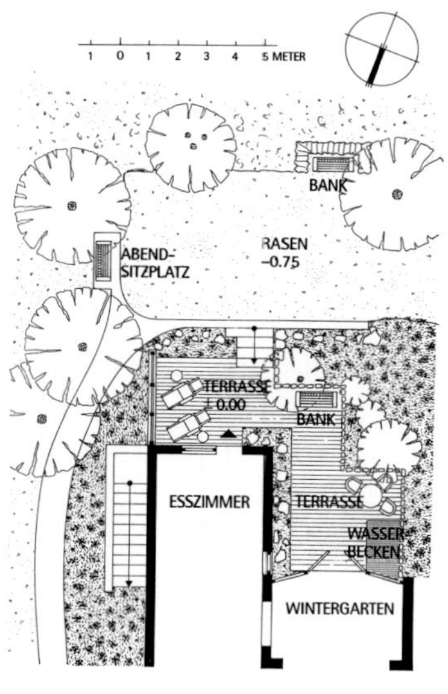

Rund ums Haus ist viel Platz zum gemütlichen Beisammensein. Die Bänke laden zum Sitzen ein und sind vom Haus und von der Terrasse aus stets ein reizvoller Blickfang. Zugleich bieten sie eine schöne Sicht auf das eigene Haus.

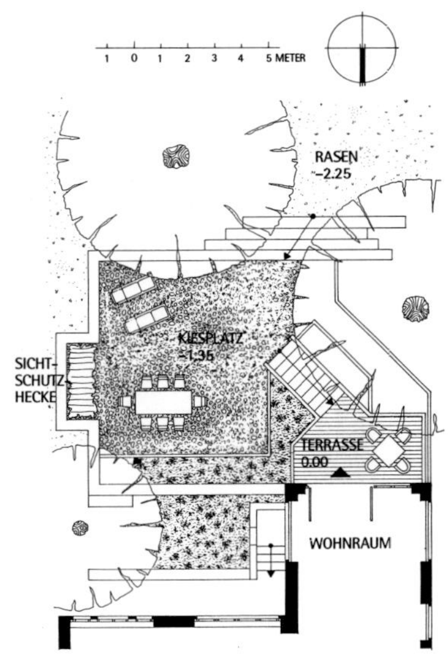

Ein Haus von der Jahrhundertwende: Die neuen Besitzer wünschten sich einen direkten Ausgang aus dem erhöhten Erdgeschoß in den Garten. Vor dem Wohnraum wurde eine kleine Terrasse aus Holz und Stahl angelegt (»aufgestelzt«). Von hier aus führen einige Stufen zu dem großen, mit Kies belegten Freisitz.

Der Hain aus noch jungen Platanen und eine Fülle von Schilfgras, das auf einen Erdhügel (den Teichaushub) gepflanzt wurde, geben den Rahmen für den gepflasterten, leicht beschatteten Sitzplatz. Das Wasser, Teil einer größeren Anlage, wird von Holzschwellen gefaßt. An mehreren Stellen sind die Ufer mit einer Holzbrücke verbunden.

möchten. Für eine einzelne Sitzbank wird nur eine kleine Fläche von vielleicht zwei mal zwei Metern gebraucht. Für einen Sonnenplatz, auf dem eventuell auch mal Tischtennis gespielt werden soll, muß deutlich mehr Fläche eingeplant werden, da allein die Spielplatte 2,74 mal 1,52 Meter mißt.

Außer der richtigen Anordnung der Gartenmöbel ist für mich auch noch etwas anderes wichtig: ein bequemer Weg vom Wohnraum auf die Terrasse und weiter in den Garten. Es hat sich bewährt, hier einen stets freien Zugang vorzusehen. So wird die Runde am Tisch nicht gestört, und man muß nicht umständlich Möbel rücken, wenn man in den Garten gehen will. Oft genug wird solch ein Weg nicht eingeplant – und dann wird es eng auf der Terrasse, aber nicht gemütlicher.

Und noch etwas wird immer wieder zum Störfaktor im Gartenleben: der Niveauunterschied zwischen Wohnraum und Terrasse. Er macht den Gang in den Garten zum Hindernislauf. Es ist unbequem, wenn man auf die oftmals 20 cm tiefer gelegene Terrasse tritt und dabei noch ein Tablett mit Gläsern oder Geschirr in der Hand zu balancieren hat. Die DIN 18337 fordert aus Sicherheitsgründen, die Terrasse, das heißt die wasserführende Schicht, mindestens 15 cm unter die Unterkante der Regenschiene zu legen, um den dahinter liegenden Innenraum vor möglicher Feuchtigkeit durch heftige Regenschauer oder Schneewehen zu schützen. Allerdings kann der Abstand verringert werden, wenn der Dachüberstand vor Nässe und Spritzwasser schützt. Es ist dann vielleicht ausreichend, den Terrassenbelag (mit einem Außengefälle von mindestens zwei Prozent) gleich unterhalb der Aluminium-Regenschiene anzuschließen, ohne zu riskieren, daß der Fußboden im Wohnraum von außen jemals feucht wird. Bevor aber diese Maßnahme ausgeführt wird, sollte sie in jedem Fall mit dem Landschaftsarchitekten und der beauftragten Firma für Garten- und Landschaftsbau abgestimmt werden.

Die Materialien

Die Wahl des Bodenbelages ist trotz der Fülle des Angebotes im Grunde genommen gar nicht so schwer. Denn in den meisten Fällen sind die Auswahlkriterien schon durch bauliche Eigenarten oder auch in finanzieller Hinsicht vorgegeben. Und trotzdem habe ich immer wieder feststellen müssen, daß die Entscheidung problematisch werden kann.
Für mich ist die farbliche Harmonie des Bodenbelages in den angrenzenden Wohnräumen mit demjenigen draußen auf der Terrasse sehr wichtig. Und wenn drinnen eine bestimmte Verlegeart, zum Beispiel in diagonaler Richtung, gewählt wurde, kann man sie auch auf der Gartenseite fortsetzen. Ganz sicher beeinflussen die Materialien und Farben der Hausfassade und des Daches die Entscheidung für den Bodenbelag der Terrasse. Eine völlige Übereinstimmung läßt sich aber nur selten erzielen, weil längst nicht alle Steinmaterialien, die im Hause verwendet wurden, auch frostfest sind. Wenn innen polierte oder geschliffene Platten verlegt wurden, sind sie nicht unbedingt auch für draußen zu empfehlen, denn oft genug werden sie rutschig und damit zur Unfallgefahr.
Auch die Farben spielen eine Rolle. Ein weißes Material reflektiert in der Mittagshitze sehr stark und ein anthrazitfarbenes wie Schiefer wirkt vielleicht zu dunkel. Eine Nebenwirkung, die man nicht außer acht lassen sollte: Dunkle Materialien heizen sich auf, speichern die Wärme.
Zu den gängigsten Materialien zählen Platten aus Naturstein oder Beton; aber auch Pflastersteine und Pflasterklinker, ebenfalls Naturmaterialien, die eine ganz unterschiedliche Verwendung zulassen. Man kann mit ihnen die ganze Fläche belegen oder eine Plattenfläche mit Streifen aus Pflastersteinen gliedern und auflockern. Das kleine Format dieser Steine ermöglicht vor allem, Sitzplätze mit runden oder geschwungenen Formen

Natursteine, die sich gut ergänzen:
Die 30 cm breiten Platten aus Flammet-Quarzit begrenzen den Weg seitlich und unterbrechen in unregelmäßiger Länge den Belag aus Granit-Kleinpflaster.

auszupflastern. Keramische Fliesen, wie sie in den Mittelmeerländern gern verwendet und von uns Urlaubern zu Recht bewundert werden, haben als Bodenbelag für Gartenterrassen in unserem Klima keinerlei Bedeutung. Abgesehen von Einzelfällen, vielleicht in einem Atriumhof mit mediterraner Atmosphäre oder auf einer sonnigen Dachterrasse, wo das feine Muster der Fliesen zur Geltung kommen kann. Meist wirken sie zu glatt und werden bei Nässe leicht rutschig. Auch nicht überall geeignet, aber oft sehr schön sind Holzroste, die immer mehr Freunde finden. Und ganz im Trend liegt eine altmodische Art, Plätze und Wege zu befestigen – mit Kies.

Bevor man eine engere Auswahl von Werkstoffen trifft oder sich ganz festlegt, sollte man sich über den Bedarf im klaren sein und vor allem wissen, welche Materialien überhaupt in Frage kommen. Die letztendliche Entscheidung nämlich prägt das Wohlbefinden in dem »Freiluftzimmer« für viele Jahre. Ein Blick in Nachbars Garten kann anregen oder auch »abschrecken«. Er ist in jedem Fall nützlich. Man muß sich informieren, ob regional eine bestimmte Steinart abgebaut wird. Vielleicht wird ein Material günstig angeboten, was bei gebrauchten Pflastersteinen der Fall sein kann.

Dabei darf man nicht übersehen, daß es in dieser Phase nicht allein um den Bodenbelag der begehbaren Fläche der Terrasse oder des Sitzplatzes mit dem verbindenden Weg geht. Wenn ein Mäuerchen, eine Stufe oder eine Pergola geplant sind, müssen auch dafür die Werkstoffe berücksichtigt und mit den anderen in Einklang gebracht werden.

Diese Materialien darf man keinesfalls einzeln betrachten. Für viele Gärten ist es eine Bereicherung, wenn Platten, Pflastersteine und Klinker gemischt, Bänder und Raster gezogen werden, um so mehr Lebendigkeit zu erzielen. Allerdings birgt die Materialvielfalt auch die Gefahr in sich, daß auf Terrassen und Sitzplätzen (meist auch schon im Eingangsbereich) ein buntes Durcheinander entsteht. Nur zurückhaltende Muster und Farben auf allen begehbaren Flächen bleiben in aller Regel auf Dauer schön. Die Buntheit sollte – im Wechsel der Blüte- und Jahreszeit – allein Sache der Pflanzen sein.

Natursteinplatten

Großformatige Steine in quadratischen, rechteckigen oder vieleckigen (polygonalen) Platten bieten sich dafür an, Terrassenflächen standsicher zu befestigen. Das hat Tradition, denn bereits zu Beginn dieses Jahrhunderts wurde der damals übliche Kiesbelag von Platten aus Naturstein abgelöst. Solnhofener- oder Wesersandsteinplatten gehörten zu den beliebtesten Natursteinen als Bodenbelag auf Gartenterrassen. Es galt als handwerkliche Kunst, die verschieden starken polygonalen Platten so zu verlegen, daß eine gleichmäßige Fläche entstand, deren Fugen ein lebhaftes Muster bildeten.

Inzwischen haben sich Produktion und Angebot vervielfacht. Der Natursteinhandel bietet verwirrend viele Materialien aus aller Welt an. Sie unterscheiden sich durch ihre Festigkeit, durch Farben und Muster, in der Oberflächenstruktur und der Art der Bearbeitung. Fast jedes Format läßt sich anfordern. Allerdings ist längst nicht alles vorrätig. Lieferfristen von einigen Wochen sind normal.

Stein ist weder im Aussehen noch in seiner Haltbarkeit gleich Stein. Man unterscheidet Hart- und Weichgestein. Zum Hartgestein rechnet man Basalt, Granit, Phyllit, Porphyr und Quarzit. Platten aus diesen Materialien sind unbegrenzt haltbar, aber auch besonders teuer: Sie lassen sich nur schwer bearbeiten. Ihre Oberflächen können sehr unterschiedlich sein: bruchrauh, sägerauh, gestockt, geflammt oder poliert. Die glänzende Oberfläche eines polierten Steins läßt die Farbstruktur besonders intensiv hervortreten. Wegen der Rutschgefahr bei Nässe sollten diese Platten nur punktuell, vielleicht um ein dezentes Muster zu betonen, eingesetzt werden. Geflammte Platten gelten als äußerst pflegeleicht, weil sich ihre glatte Oberfläche gut sauberhalten läßt, dagegen erfordern gestockte Platten den größten Aufwand, da sich auf ihrer rauhen Oberfläche schnell Staub und Algen festsetzen.

Italienisches Ambiente in unserem Klima? Kein Problem mit frostfesten Terrakottaplatten und einer liebenswürdigen, wohlgeformten Signorina umgeben von Hortensien und Engelstrompete.

Als Weichgestein bezeichnet man Schicht- oder Sedimentgesteine, die in Binnenseen und Meeren durch Auflösung und Wiederabsatz von Gesteinen und der Ausscheidung von Organismen entstanden sind. Die Kalk- und Sandsteine, Travertin und Marmor, Nagelfluh und Schiefer haben eine große Bedeutung bei der Verwendung im Garten. Sie sind oft günstiger im Preis, weil sie wesentlich schneller zu bearbeiten (zu sägen oder zu polieren) sind als Hartgestein. Wenn allerdings hohe Transportkosten entstehen, hebt sich der Preisvorteil auf. Farblich passen sie sich dem Gartenmilieu gut an. Schieferplatten aus deutschen Vorkommen sind sehr gefragt, weil sie ebenso wie Wesersandstein eine schöne bruchrauhe Oberfläche besitzen. Doch bleibt zu bedenken, daß manche Platten wie die Solnhofener Sandsteinplatten pro Jahr etwa einen Millimeter abschiefern und nach etwa 40 bis 50 Jahren erneuert werden müssen. In feuchten und auch luftfeuchten Lagen, wo die Platten nur selten abtrocknen, lösen sich die Schichten schneller ab. Bei Wesersandstein ist es wichtig, nur hartes Material aus dem Kernbereich des Gesteins auszuwählen.
Die Plattenformate sind meist rechteckig. Sie werden in Breiten von 20 bis 40 cm, aber unterschiedlichen Längen geliefert. Höher im Preis sind Natursteinplatten in quadratischem Format wie 30 x 30 oder 40 x 40 cm. Als Sonderanfertigung bekommt man auch größere Platten mit Seitenlängen von bis zu ein mal ein Meter.

Terrakottaplatten

Gartenbesitzer sind oft an einer Alternative zu den relativ teuren Natursteinmaterialien interessiert. Frostfeste Terrakottaplatten sind die schönste Alternative, wenngleich sie kaum preiswerter als Naturstein zu haben sind. Ihr warmer rötlich-brauner Farbton strahlt eine wohlige Atmosphäre und südliches Flair aus. Immer wieder werden Bedenken geäußert, ob die Platten auch tatsächlich winterfest seien. Die Florentiner Terrakottaplatten aus dem Raum Impruneta sind in der Regel frostfest, was das Prüfungszeugnis des Essener Institutes für Ziegelforschung bestätigt hat. Maschinell hergestellte Platten mit rustikaler Oberfläche (Stärken von 1,5 bis 2,0 cm) gehören in ein Mörtelbett. Die manuell hergestellten Terrakottaplatten sind ebenfalls frostfest, weil der dafür verwendete Ton kaum Wasser aufnimmt. Platten in einer Größe von bis zu 30 x 30 cm sollten in ein Mörtelbett gelegt werden, bei größeren Formaten (ab 40 x 40 cm) genügt ein Sandbett.

Vor der großen Amareloplatte im Hintergrund liegen (jeweils von links): Bohus, Flivik (dunkle, schmale Platte) und Balmoral; davor Travertin, hellgelber Lemunda-Sandstein, Reitberg (quadratische Platte) auf dunkler Flivik-Platte, Ottaphyllit unter dem Lausitzer Granitpflaster; vorne: Bohus rot, Weser-Sandstein (rote polygonale Platte), Porphyr und Lemunda-Sandstein

Betonplatten

Seit der Entdeckung des Betons für den Garten- und Landschaftsbau hat dieses Material eine steile Karriere erlebt. Platten aus Kieselwaschbeton wurden während der vergangenen vierzig Jahre zum Hit. Ihr einziger Vorteil jedoch ist der günstige Preis. Ästhetisch betrachtet halten diese Platten nur in seltenen Fällen einem Vergleich stand. Wenn schon eine sehr preiswerte Lösung gefunden werden muß, halte ich die einfachen grauen Betonplatten, vor allem in Verbindung mit anderen Steinen wie grauem Granitpflaster für eine brauchbare Lösung. Klinker sind in denjenigen Fällen richtig, in denen auf eine kontrastreiche Struktur Wert gelegt wird. Glücklicherweise hat sich in der letzten Zeit einiges in Sachen Beton getan. Die Plattenoberflächen werden mit Zuschlägen aus Granit-, Moränen- oder Dolomitgestein veredelt und gesandstrahlt. Das ergibt eine schöne Struktur, ohne zur Konkurrenz für echte Natursteine zu werden. Als Negativbeispiel der neueren Entwicklung empfinde ich Platten mit Pflastermotiv.

Alte Betonplatten machen eine neue Karriere, wenn sie mit anderen Materialien aufgewertet werden. Hier wurden zweireihige Bänder aus Granit-Kleinpflaster eingefügt.

Natursteinpflaster

Es ist für viele Gartenbesitzer zu Recht das schönste Material – aber häufig genug auch unerschwinglich. Die würfelförmigen Natursteine wirken ja auch besonders lebendig und lassen in den vielen Fugen, die beim Verlegen zwangsläufig entstehen, am ehesten Sämlinge von Blumen und Kräutern aufkeimen, die in dieser Umgebung meist gern gesehen sind.
Als Bodenbelag für die Terrasse am Haus sind diese Steine allerdings selten geeignet. Je nach Größe wirken sie zu rustikal und ihre Oberfläche ist zu unregelmäßig, als daß Tisch und Stühle so gestellt werden könnten, daß sie nicht wackeln. Ideal sind sie entweder in Kombination mit anderen Platten oder als Belag für die Gartenwege und den Sitzplatz.
Als Pflaster wird nur hartes Eruptivgestein verwendet. Zu den bekanntesten Arten zählen schwarzweißer und roter Granit, Porphyr in Violettbraun und Melaphyr in Grüngrau oder Rotbraun. Schön, aber ziemlich rar ist der dunkelste aller Natursteine – anthrazitfarbener Basalt.
Häufig taucht die Frage auf, ob neues oder gebrauchtes Material verlegt werden soll. Der Unterschied: Neue, frisch behauene Steine haben eine kantige, ungleichmäßige Oberfläche mit einer intensiven, klaren Farbstruktur. Die gebrauchten Steine, die schon als Belag für Straßen oder Gehwege dienten, haben eine angenehm glatte Oberfläche mit einer schönen Farbgebung. Den Effekt, der die Steine wie poliert glänzen läßt, bekam das Straßenpflaster noch um die Jahrhundertwende, als die Straßen noch von Pferdefuhrwerken befahren wurden. Die Annahme, daß gebrauchtes Material stets billiger sei als neues, trifft auf Natursteine in aller Regel nicht zu.
Diese kleinformatigen Steine werden meistens nach Gewicht gehandelt. Wenn Größe oder Bezeichnung des gewünschten Pflastermaterials feststehen, läßt sich der benötigte Bedarf in Tonnen schnell errechnen. Hier ein Überblick:

Großpflaster 14/17, etwa 15 x 15 x 15 cm groß. Eine Tonne (ca. 100 Steine) ergibt etwa 2,5 qm Fläche.
Kleinpflaster 8/11, etwa 10 x 10 x 10 cm groß. Eine Tonne (ca. 450 Steine) ergibt etwa 4,5 qm Fläche.
Mosaikpflaster 4/6, etwa 5 x 5 x 5 cm groß. Eine Tonne (ca. 3000 Steine) ergibt etwa 8,5 qm Fläche.

Ein reizvolles Spiel mit Materialien und Farben: Natursteinpflaster wird zu breiten Bändern unterschiedlicher Länge verlegt, die von breiten Rasenfugen durchzogen werden. Der Weg führt auf den Sitzplatz. Einladend wirken die kleinen Sockel, die aus alten Ziegeln gemauert wurden.

Klinker

Ein besonders angenehmer Steinbelag mit optisch warmer Anmutung - und auf Dauer betrachtet sehr preiswert - sind hartgebrannte Pflasterklinker. Früher wurden eher die weicheren Ziegelsteine verlegt, deren Lebensdauer aber vor allem in regenfeuchten Gegenden begrenzt ist. Die alten Griechen bescheinigten den gebrannten Steinen immerhin eine Lebensdauer von 150 Jahren. Klinker dagegen sind auch in unserem Klima sehr langlebig, frost- und streusalzbeständig. Leicht übersehen wird der optisch kleine Unterschied zwischen einem frostharten Pflasterklinker und einem Vormauerziegel, der nicht als Wegebelag verwendet werden darf. Deshalb ist bei der Lieferung und Verarbeitung besonders sorgfältig auf seine Eignung zu achten.
Der bekannteste Farbton für Klinker ist »Ziegelrot«. Doch je nach Brennvorgang und verwendeter Tonerde lassen sich andere, meist dunklere Erdfarbtöne erzielen. Zu den gängigen zählen Rot-Bunt, Rot-Blau-Bunt, Blau-Braun und Braun-Bunt. Wichtig sind auch die Formate. In der Regel sind Klinker rechteckig in der Größe 24 x 11,8 cm x 5,2 cm zu haben oder im modernen Euromaß von 20 x 10 x 5,2 cm. Im Norden bevorzugt man auch das Oldenburger Format von 22 x 10,5 x 5,2 cm. Wobei stets gewählt werden kann zwischen scharfkantigen Steinen und solchen mit gefasten, also abgeschrägten Kanten. In letzter Zeit zeichnen sich neue Formen ab: zum Beispiel handliche, quadratische Formate von 15 mal 15 cm. Ganz aktuell sind glasierte Klinker, die für Akzente im Terrassenbelag oder auf Wegen sorgen - so wie sie in der Architektur als Schmuckelemente an Fassaden eingesetzt werden. Nicht zu vergessen, daß mit Formsteinen besonders schöne, zeitgemäße Effekte erzielt werden können.

Betonpflaster

Pflaster aus Beton ist für viele Zwecke längst zu einem wichtigen Werkstoff geworden. Für befahrbare Flächen ist es formal und aus Kostengründen vielfach ein idealer Werkstoff. Sein Einsatz im Wohngarten ist allerdings nicht immer die glücklichste Lösung. Klare rechteckige Formate, wie die von Klinkern, sind in vielen Gärten ein angenehmes Moment. Den allzu perfekt ausgedachten Verbundsteinen jeder Art, mit denen jedes beliebige Muster hergestellt werden kann, fehlt aber jede persönliche Note. Was für Fußgängerzonen und auf großen Stadtplätzen gut sein kann, hat sich noch längst nicht für die private Sphäre einer Terrasse bewährt.

Savoir vivre in Basel: Einladung in einen lange vergessen geglaubten Hof hinter einem Stadthaus. Die Kiesterrasse, die Stufen, ein Weg aus Schieferplatten, der zu dem französischen Pavillon mit den weißen Vorhängen führt, lassen den Garten zu einem kleinen Paradies werden.

Kies

Aus den Parkanlagen von Herrenhäusern und Schlössern kennt man die Wege, die beim Betreten so angenehm knirschen. Vielleicht weckt das Geräusch auch nur die Erinnerung an eine schöne alte Zeit. Nachdem aber von der Pflegeleichtigkeit als oberstem Gebot wieder etwas abgerückt wird, kann dieser preiswerte Werkstoff neu entdeckt werden. Seine Verarbeitung ist einfach.
Sie muß jedoch konsequent »aufgebaut« werden, damit der Platz nach einem Regenguß schnell abtrocknet. Auf einem verdichteten Unterbau aus Schlacke und trag- und filterfähigem Kies wird eine drei bis vier Zentimeter starke, »dynamische« Schicht Lehmkies aufgebracht und abschließend mit feinem Kies in der Stärke 3/7 abgestreut und wiederum festgewalzt. Man hat die Wahl zwischen mehreren Farbnuancen von weißem Quarzkies bis zu gelb-rötlichen und dunklen Basalttönen. Der gesamte Aufbau für einen Kiesplatz oder Kiesweg beträgt bei normal durchlässiger Erde etwa 15–18 Zentimeter.
Terrassen und Plätze aus Kies sind nur dann schön, wenn weder Gras noch Kräuter zwischen den Steinchen hervorsprießen. Deshalb muß man häufig jäten. Ist das ein Nachteil? Wohl kaum, denn für einen schönen Anblick muß man fast immer etwas tun und das nicht nur im Garten. Wer das gelegentliche Jäten als Arbeit ansieht, hat es allerdings schwerer und sollte sich vielleicht besser für ein anderes Material entscheiden.

Holz

Die einen erinnert solch ein Belag an einen Bootssteg (und dieser paßt nicht zu jedem Haus und Grundstück), und andere Gartenbesitzer sehen nur die Vorteile: Holz schafft eine besonders wohnlich warme Atmosphäre am Haus, es heizt sich im Sommer nie zu stark auf, bleibt im Winter angenehm temperiert und man kann jederzeit barfuß darauf gehen. Für den Bau von Terrassen eignet sich nicht jedes Holz, wenn eine ähnlich lange Haltbarkeit wie bei Naturstein, Klinker oder Beton erwartet wird. Altbewährt ist Hartholz wie Teak, das seit mehr als einhundert Jahren in indonesischen Plantagen angebaut und ständig neu

Einfache Materialien bester Qualität und Verarbeitung sind das Geheimnis dieser Terrassenarchitektur, die vom traumhaften Blick auf den Sunshine Beach im australischen Queensland nicht ablenkt: der Holzbelag, die Markise, die vorne nachgespannt werden kann, und das Geländer aus Holz und Edelstahl.

angepflanzt wird. Ebenso bewährt wegen ihrer enormen Haltbarkeit haben sich Mahagoni und Sipo-Mahagoni. Da diese Holzarten in den von Zerstörung bedrohten tropischen Regenwäldern Afrikas gewonnen werden, sollte ihre Verwendung nicht bevorzugt werden. Eine vergleichbar gute Haltbarkeit garantieren kanadische Rot-Zedern (West Red Cedar); selten angeboten wird Eichen-, Robinien- und Lärchenholz, das nur als Kernholz verwendet werden sollte.
Eine gute, aber wesentlich preiswertere Lösung läßt sich mit Kiefernholz erzielen, das speziell kesseldruckimprägniert und damit wetterfest und haltbar wird. Dieses Holz bekommt man häufig nicht nur lose als Bretter, sondern bereits fertig zu Feldern montiert in der Größe von 60 x 60 cm oder 60 x 120 cm (neuerdings gibt es auch Teakholz in diesen Formaten).
In der Regel sind Holzbretter, die als Terrassenbelag verwendet werden sollen, glatt gehobelt, doch werden sie häufig auch mit geriffelter (geschlitzter) Oberfläche angeboten. Das macht sie trittsicherer. Bretter sollten nicht genagelt, sondern angeschraubt werden (Fugenabstand der Bretter: fünf Millimeter). Als dauerhaft und rostfrei haben sich nur Schrauben aus Messing oder Edelstahl erwiesen.
Eine Grundvoraussetzung für lange Freude an einer Holzterrasse sind die sonnige Lage und eine Unterkonstruktion, die eine gute Belüftung des Holzes zuläßt, denn es muß möglichst schnell abtrocknen können. Andernfalls bilden sich bald Algen darauf, und der »Bootssteg« wird rutschig.
Holz verliert im Laufe der Zeit durch die Einwirkung von UV-Strahlen seine gelbliche oder rötliche Farbe und wird hellgrau. Wer dem vorbeugen möchte, kann es farblich behandeln. Es sollte ein offenporiger, transparenter oder auch kräftiger tönender Anstrich verwendet werden. Offenporig deshalb, weil eine spätere Nachbehandlung mit Mitteln auf Naturölbasis, die nicht abblättern und keine Blasen werfen, ohne großen Aufwand möglich ist.
Eine Zeitlang war auch rundes Holzpflaster als Belag für Sitzplätze im Garten beliebt. Das sind kesseldruckimprägnierte, etwa 15 cm hohe Holzabschnitte mit

einem Durchmesser von acht bis zwanzig Zentimetern. Das Material ist zwar angenehm, aber es wird zu rasch glatt und verwittert. Da es direkt in ein Kies-Sandbett verlegt wird, kann das Holz kaum abtrocknen und durchfeuchtet selbst bei guter Kiesdrainage innerhalb kurzer Zeit.

Auf der künstlich geschaffenen Halbinsel ist fast alles in sommerlichem Weiß gehalten: Der elegante Pavillon, dessen Konstruktion so zierlich und edel wirkt, ist aus Aluminium gegossen und damit unbegrenzt haltbar. Als Schutz vor Wind und Regen sind die Seiten zusätzlich verglast worden, wodurch der Aufenthalt im Pavillon angenehmer wird.

Die Einrichtung

Eine Frage des Lebensstils

Picknick im eigenen Garten, auf einer Liege aus Teak, die sich sehen lassen kann. Sie ist formschön und praktisch – das Kopfteil ist in der Höhe verstellbar.

Ein Garten ohne Möbel wirkt so leer und leblos wie ein nicht eingerichtetes Haus. Und wenn es zwar Gartenmöbel gibt, diese aber nicht zum Stil des Hauses und der Terrasse passen, ist der Eindruck kaum besser. Deshalb verdient die Wahl der Möbel sowohl für die Terrasse als auch für den Sitzplatz im Garten die ganze Aufmerksamkeit. Wer allein danach geht, ob die Möbel preisgünstig zu haben sind, wird den Kauf in den meisten Fällen bald bereuen.

Bei der Wahl sollten drei andere Kriterien im Vordergrund stehen: die optische Wirkung, die Bequemlichkeit und die Haltbarkeit beziehungsweise Wetterfestigkeit (oder auch in anderer Reihenfolge, denn Gartenbesitzer haben sehr unterschiedliche, individuelle Wertvorstellungen). Schließlich kommt es auch darauf an, ob man nur ergänzende Möbel braucht oder ob man die Terrasse oder den Sitzplatz komplett neu einrichten möchte – ob man einen Eßtisch mit Stühlen und Sesseln für die Terrasse sucht, sich nach einer Einzelbank umsieht oder einen Liege- oder Klappstuhl für den Sitzplatz benötigt. Das Aussehen ist stets wichtig, weil die Möbel, genau wie im Wohnzimmer, immer im Blickfeld sind.

Das Angebot an Gartenmobiliar ist zwar nicht so umfangreich wie das an Wohnmöbeln, aber es ist trotzdem enorm vielfältig. Ob man nun die traditionelle Eleganz und Qualität englischer Gartenkultur in seinen Garten verpflanzen möchte, die sich in schönen und stets bequemen Bänken, Stühlen und Tischen aus Teakholz niederschlägt oder ob man skandinavische Bequemlichkeit bevorzugt (meist sind die Möbelstücke aus kesseldruckimprägniertem Kiefernholz gearbeitet), ob man weiß lackierte Sylter Möbel, eine weiße Biedermeierbank oder einen Deck-Chair sucht – man hat die Qual der Wahl. Die reizvollen, ein wenig altmodischen Korbmöbel und die grazilen Metallmöbel erleichtern sie auch nicht.

Frühstück in der Quinta da Capela, einer Oase zwischen Lissabon und dem Atlantik. Immer wieder ein optischer Genuß – wenn Gastfreundschaft sich die Achtung vor alter Bautradition bewahrt und sich trotzdem dem Neuen nicht verschließt.

Neu sind bequeme Sessel aus wetterfestem Fiberglas im Terrakottaton. Und schließlich befassen sich auch junge Designer mit dem Entwerfen wetterfester Möbel.
Es ist gar nicht so einfach, die richtige Tischgröße auszuwählen – ob rund, eckig oder quadratisch. Im Zweifelsfall bewährt sich ein eher zu großer Eßtisch (wie auch drinnen im Eßzimmer), an dem man auch dann noch bequem sitzt, wenn mehrere Gäste zu Besuch sind. Wenn Teller, Schüsseln, Getränke und eventuell eine Tischdekoration verteilt sind, zeigt sich bald, daß der Tisch keinesfalls zu groß ist. Wer Platz genug hat, sollte an anderer Stelle einen kleineren, vielleicht einen Bistrotisch aufstellen.
Wenn man großen Wert auf Pflegeleichtigkeit legt, entscheidet man sich wahrscheinlich für die praktischen Kunststoffmöbel. Aber Vorsicht: Nur bei Verarbeitung hochwertiger Materialien verändert sich die Farbe des Kunststoffes im Laufe der Jahre nicht. Schöner sind allerdings für mich Tisch und Stühle aus Holz oder Metall.
Für die Möbel auf der Terrasse braucht man Sitzpolster, deren Material auch mal einen Regenguß vertragen kann.
Das kann Baumwolle oder Kunststoff sein. Praktisch ist es, wenn nahe der Terrasse eine Unterbringungsmöglichkeit für die Polster und die Tischdecke geschaffen wird: ein kleines Gerätehaus oder eine Truhe, wo die Stoffe trocken lagern.
Ein Sonnenschirm gibt jedem Sitzplatz ein angenehmes Ambiente und eine heitere Atmosphäre. Die großen Marktschirme, die mit Hilfe eines Flaschenzuges bis auf fünf Meter Durchmesser (und mehr) aufgespannt werden können, sind entweder mit einem wasserabweisenden Baumwollmischgewebe oder mit einem wetterfesten Dralonstoff bezogen. Die Standfestigkeit des Schirmes ist garantiert, wenn er in eine gut verankerte Bodenhülse eingelassen wird.
Ob ein Grill auf einer Terrasse oder auf einem Sitzplatz fest eingebaut werden soll, muß sorgfältig überlegt sein. Nichts gegen das Vergnügen an einem rustikalen Essen im Freien. Aber die Erfahrung zeigt, daß sich Gartenbesitzer zu selten die Zeit nehmen, Fisch, Fleisch oder Gemüse zu grillen, als daß sich die Dauereinrichtung einer »Grillstation« lohnen würde. Da ist dann meist ein mobiles Gerät, das bei Bedarf aufgestellt und in Betrieb genommen wird, einfach besser. Keinesfalls haben sich die runden Tische bewährt, in deren Mitte ein Grill eingebaut ist. Der Rauch, der beim Grillen zwangsläufig entsteht, stört doch zu sehr beim Essen.
Ähnlich verhält es sich mit einem Außenkamin. Er strahlt zwar Wärme und Gemütlichkeit aus – aber man sollte sich den Einbau wirklich gut überlegen und vorher abwägen, ob man ihn tatsächlich häufig nutzen wird. Eine große Rolle spielt der Standort, wenn man sich vom Kaminfeuer wärmen lassen möchte: Am besten wird der Kamin dort plaziert, wo seine abstrahlende Wärme von einer Wand reflektiert wird. Die Sitzgruppe stellt man dann zwischen dem Kamin und dieser Wand auf.
Zur guten Ausstattung einer Wohnterrasse sollte noch mehr gehören: Lampen

Das ist Mobilität: Der Gartensessel kann nach Lust und Laune wie eine Schubkarre dorthin gerollt werden, wo er gewünscht wird.

und eine wasserfeste Steckdose für Extralicht und elektrische Geräte wie Toaster oder ein Wasseranschluß für das Gießwasser, um die Pflanzen mit Wasser versorgen zu können. Inwieweit man elektrisches Licht benötigt, muß man ausprobieren. Vielen Gartenbesitzern genügen Windlichter oder Öllampen auf dem Tisch. Mit dem dezenten Licht von gezielt ausgerichteten Scheinwerfern oder anderen Gartenleuchten lassen sich Effekte erzielen, die die Anschaffung wirklich lohnen und den nachtdunklen Garten noch raffinierter erscheinen lassen.

Außer der schönen, wenn auch eher praktischen Einrichtung von Sitzplätzen nahe am Haus oder weiter entfernt, gehören zur Wohnkultur im Garten dekorative, nicht unbedingt notwendige Dinge. Und diese haben eine alte Tradition. Gemeint sind:

- Gitterspaliere, die die Hausfassade mit ihrem grazilen Muster reizvoll zieren.
- Subtropische Pflanzen, die während der Sommermonate in hübschen Holz- oder Terrakottakübeln wachsen.
- Wasser, das beruhigt und belebt. Auch wenn es widersprüchlich klingt – in jedem Fall sind ein Brunnen oder eine Wasseranlage sehr zu empfehlen.
- Steinfiguren, Statuen oder Kunstobjekte, die eine Terrasse zieren können und den Blick in den Garten lohnender machen.
- Historische Beetumrandungen, die im vorigen Jahrhundert beliebt waren und nun wieder Interesse erwecken: Hier wird das Blumenbeet mit farbigen (und sogar vergoldeten) Eisenelementen umsteckt, was es zum Blickfang werden läßt.
- Noch älter ist die Idee einer Sonnenuhr. Auch wenn sie nicht automatisch mit der Sommerzeit gehen kann, wirkt sie auf einem Sockel in einer achsial oder formal geplanten Anlage liebenswürdig.
- Bunt wird es mit den mundgeblasenen Gartenkugeln und -tieren (sie wurden im 17. Jahrhundert bekannt), die möglichst fest auf einen Holzstiel gesteckt werden und in allen Farben über Rosen und Stauden leuchten. Zur Zierde werden sie ganz besonders in der blütenarmen Zeit im Frühjahr und Sommer, aber vor allem während der Wintermonate.

Diese Bank hat bereits Geschichte gemacht. Karl Foerster, der große Staudenzüchter aus Potsdam-Bornim, ließ sie für seinen »Senkgarten« herstellen – natürlich in dem damals besonders bevorzugten Weiß. Inzwischen wird sie nachgebaut, wobei man je nach Temperament und Farbempfinden zwischen Weiß und kräftigem Blau wählen kann. Übrigens kann der vielgerühmte Staudengarten aus dem Jahre 1912, in dem die Foersterbänke stehen, besichtigt werden.

Eine Terrassen- und Wegeleuchte wird selbst zum Kunstwerk, wenn sie mit dieser Sonderlackierung vom üblichen Anthrazitgrau abweicht.

Rechts: Die Rhododendronblüte lädt oftmals zum ersten Mal in der beginnenden Sommersaison ein, es sich im Garten gemütlich zu machen. Zum Beispiel in den bequemen Armlehnstühlen, die sich schmal zusammenklappen lassen.

Am Rande von New York: Haus und Garten nehmen sich wie ein eigenes Ferienparadies aus

Gartenlicht der besonderen Art. Paolo Bürgi entwarf die schlichten, nahezu unauffälligen Leuchten, bei denen vier schmale Stäbe den reflektierenden Schirm über dem Metallsockel halten. Aus dem Sockel strahlen Preßkolbenleuchten nach oben. So wird das Licht gleichmäßig nach allen Seiten verteilt.

Auf eine Veranda – ein beneidenswert schöner Aufenthaltsplatz am Haus und oder fast im Garten – wird bei neugebauten Häusern leider allzu oft verzichtet. Dabei bietet solch ein geschützter Platz eine so wohltuende Atmosphäre, und von den Loom-Möbeln (Aluminiumgestelle mit einem Geflecht aus festverzwirbeltem Spezialpapier, das durch Edelstahldraht verstärkt wird) kann man höchsten Sitzkomfort erwarten.

Ein von Buchsbaumhecken eingefaßter Kiesweg, der auf den kleinen Platz führt – und dann in die scheinbare Tiefe des Gartens. Der Trick der attraktiven Täuschung, des Trompe-l'œil mit einem Spiegel in der Mitte, überrascht immer wieder und läßt die Fantasie des Betrachters spielen.

Die Bepflanzung

Im Grünen sitzen und die Seele baumeln lassen ...

Pflanzen an der Terrasse sind für mich sehr wichtig, weil sie den ersten Kontakt zwischen dem Haus und der Natur herstellen. Ob eine immergrüne Buchsbaumkugel oder Kletterpflanzen, Rosen oder Stauden – sie ziehen die Aufmerksamkeit der Hausbesitzer und ihrer Besucher auf sich. Die Pflanzen sind im besten Sinne Stimmungsmacher und beeinflussen mit ihren Blüten, Blättern und ihrem Duft ganz wesentlich die gesamte Anlage. Auch klimatisch gesehen prägen sie den Platz im Grünen. Dort, wo Pflanzen wachsen, sind die Temperaturen ausgeglichener. Sie können aber auch Wind abhalten und andererseits einen Wärmestau verursachen, wenn sie an einer Terrasse mit Südlage eine dichte, hohe Hecke bilden. Deshalb ist die Bepflanzung rund um die Terrasse oder den Sitzplatz für viele Gartenbesitzer zu Recht mindestens so wichtig wie der Belag oder die Gartenmöbel. Gemeint sind weniger die frostempfindlichen Kübelpflanzen als vielmehr die winterharten Pflanzen, die viele Jahre überdauern und deren Standort gut durchdacht sein muß. Sie sollen ja einen einladenden Eindruck vermitteln. Und dies zu jeder Jahreszeit (auch im Winter), wenn man aus dem Wohnraum blickt, und erst recht, wenn man den Garten vom Haus aus betritt. Die Pflanzung darf die Terrasse nicht vom Garten trennen, sie muß überleiten. Als angenehm empfindet man es meist, wenn sich das »Pflanzenthema« der Terrasse sogar im ganzen Garten in abgeänderter Form wiederholt und erlebbar wird.

Ein Spiel mit Pflanzen: eine bequeme Bank? Ja, aber bitte nicht anlehnen. Die Arm- und Rückenlehne sind aus Buchsbaum gewachsen und durch regelmäßigen Schnitt in die reizvolle Form gebracht. So bietet sie einen hübschen Kontrast zu den freiwachsenden Farnen und Stauden.

Ein Plätzchen in einem Minipflanzenwunderland, einem Idyll und halbschattigen Innenhof, der mit Glyzinen, Rhododendren, Rosen und Tulpen aus seinem Dornröschenschlaf erweckt worden ist.

Die Architektur eines Hauses und die der angrenzenden Terrasse können sehr unterschiedliche »Gesichter« haben. Und ebensoviele Möglichkeiten stehen für die Begrünung zur Wahl. Aber es gibt durchaus gute Gründe dafür, auf eine gesonderte Bepflanzung der Terrasse zu verzichten; zum Beispiel, wenn diese sich wie ein Podest über dem Grundstück und dem Garten erhebt. Dann ist alles auf den Ausblick oder den Baumbestand ausgerichtet, so wie es Mies van der Rohe mit seinem Entwurf für das Farnsworth Haus (1949–1951) in der Nähe von Chicago auf geniale Weise gelang. Dort »schwebt« der gesamte transparente Baukörper mit der großen Terrasse gut eineinhalb Meter über dem parkartigen Garten mit Rasen und schönen Bäumen. Jede ergänzende Pflanze wäre ein Störfaktor.
Schlecht beraten ist stets, wer glaubt, das reine Anlegen der Terrasse und das »Pflastern« seien nicht nur das Vordringlichste, sondern sozusagen die ganze Miete, immer nach dem Motto: Die Bepflanzung hat noch Zeit; wir überlegen uns das später ...

Fleißige Lieschen machen ihrem Namen alle Ehre, wenn sie nicht zu sonnig gepflanzt werden. In Kombination mit dem schön gemusterten Kübel, der am Treppenaufgang zur Terrasse aufgestellt wurde, wirkt das Ganze sehr harmonisch.

Ein Plätzchen für sonnenliebende Pflanzen

Es gibt diverse Möglichkeiten, eine Terrasse oder den Sitzplatz in den Garten einzubinden und mit Pflanzen zu begrünen. In den meisten Fällen handelt es sich bei der Terrasse am Haus um einen hellen, oftmals sonnigen Platz, falls er nicht durch die Krone eines Baumes oder die hohen Bäume eines angrenzenden Waldes beschattet wird.
Sehr häufig öffnet sich die Terrasse in ganzer Länge zum Rasen hin. Hier läßt sich seitlich ein Bewuchs anordnen, um den Sitzplatz einzufassen, oder es wird ein Beet angelegt, um eine größere Fläche zu unterteilen. Auch Pflanzeninseln eignen sich, um eine Terrasse am Haus geschickt zu gliedern. Dabei geben sie oft selbst einen Blickfang ab.
In vielen, vor allem kleineren Gärten gefällt mir die Lösung, den Übergang von der Terrasse zum Grundstück auf die Seite zu verlegen, schmal zu halten und dem Sitzplatz ein Beet von mindestens einem Meter Breite vorzulagern. Durch diese Begrenzung wird der Eindruck eines offenen Gartenraumes als Erweiterung des Wohnraumes noch betont. Der Bewuchs aus Stauden, Gräsern und Rosen sollte nur so hoch werden, daß man die Gewächse im Sitzen überblicken kann. Reizvoll kann es sein, die Pflanzen durch einen weiteren Blickfang, durch einen Stein oder einen Brunnen zu ergänzen. Wenn Sichtschutz nötig ist, pflanzt man in dieses Beet höhere Gewächse wie Bambus, Chinaschilf oder Sträucher.
Anstelle solch einer heiter wirkenden Bepflanzung läßt sich mit einer Hecke eine ganz andere, überraschende Wirkung erzielen. Je nach dem beabsichtigten Effekt kann es eine lockere, blühende Rosenhecke sein oder eine streng geschnittene Eibenhecke, die mit ihren schönen, dunkelgrün benadelten Zweigen den äußeren Rahmen der Terrasse markiert.
Die Zeiten sind vorbei, als ein Teich wegen des befürchteten Mückenbefalls

nur weiter hinten auf dem Grundstück in landschaftlich anmutender Umgebung angelegt wurde. Immer häufiger sind Gärten zu finden, in denen ein Teich an die Terrasse grenzt. Mit rosa blühender Blumenbinse (Butomus) und blauem Hechtkraut (Pontederia), Schilf und Sumpfdotterblume (Caltha) lassen sich herrliche Stimmungen zaubern, wenn zwischen dem Grün das Wasser noch sichtbar bleibt. Besondere Vorsicht ist geboten, wenn Kleinkinder im Haus sind, denn die fühlen sich vom Wasser fast magisch angezogen: Da der dichte Bewuchs am Teichrand ein Beet mit festem Untergrund vortäuscht, besteht die Gefahr, daß ein Kind diese Übergangszone zum tiefen Wasser betritt. Auf der rutschigen Teichfolie könnte es schnell ausgleiten. Hier sind geeignete kinderschützende wie erzieherische Vorsichtsmaßnahmen zu treffen.

In japanischen Gärten wird eine andere Art der Bepflanzung bevorzugt. Der Garten dient in erster Linie der Betrachtung: Er soll wie ein lebendes Bild wirken, das vom Haus oder vom Sitzplatz aus angeschaut werden kann. Auf engstem Raum stellt er ein verkleinertes Motiv aus der freien Natur dar – eine hügelige Landschaft, ein Meer (aus hellem Kies) mit mehreren Inseln, einen Bambushain. Beim Anblick dieser möglichst getreuen Nachbildung der Natur – durch laufenden Schnitt in Form gehalten – soll man seinen Gedanken nachgehen und entspannen können.

In englischen Gärten wird eine traditionelle Gestaltungsweise wieder populär: Der »knot garden«, ein klassisches Parterre in einem kleinen rechteckigen Format (siehe Abbildung Seite 7). Es handelt sich um eine Bepflanzungsmethode aus der Tudorzeit, nämlich die, niedrige immergrüne Hecken aus Buchsbaum, Edelgamander (Teucrium chamaedrys) oder Santoline zu kleinen Teppichbeeten zu »verknoten«. Die dabei entstehenden freien Flächen sind mit Kies bedeckt oder mit interessant belaubten Kräutern bepflanzt, die niedrig bleiben. Dies ist eine gekonnte Art, solch ein Kräuterbeet das ganze Jahr über attraktiv erscheinen zu lassen, selbst wenn die Kräuter viele Monate lang (vom Spätherbst bis zum Frühjahr) unansehnlich sind.

Einfache und preiswerte Materialien genügen, aber viel Fantasie ist notwendig, um solch eine lauschige Laube zu bauen, die der üppige Goldhopfen jedes Jahr überwuchert.

Es ist ganz entscheidend, die Größe der Pflanzflächen, die Anordnung der Beete und die Art der Gewächse schon während der Planung zu berücksichtigen. Aus der Fülle der Möglichkeiten kommen nur wenige in Frage, aber die müssen gut überlegt sein.

Kübelpflanzen, wie sie an einem geschützten Platz auf einer sonnigen Terrasse nicht fehlen sollten (von rechts): Bougainvillea, Rosmarin, Chinotto, Oleander, Washingtonie, Calamondin, Zitrone, Margerite, Hammerstrauch (Cestrum) und Kumquat.

Erst die Pflanzen machen aus dem hübsch, aber sparsam eingerichteten Plätzchen einen gemütlichen Ort zum Wohlfühlen, zum Verstecken, zum Fürsichsein. Vor der Eibenhecke wachsen Rosen, Funkien und Oleander.

Bäume und Sträucher

Nur an einer sehr sonnigen Terrasse ist es ratsam, einen »Hausbaum« zu pflanzen. Er sollte dort stehen, wo seine Krone auch nach Jahren einen angenehmen Schatten spendet – aber lieber nicht zu nahe am Haus. Sein Laub könnte sonst leicht die Dachrinne verstopfen. Kleinkronige Bäume wie Eberesche (Sorbus in vielen Arten) und Pflaumendorn (Crataegus x prunifolia) oder Bäume mit kugelförmiger Krone, wie Kugel-Ahorn oder Kugel-Trompetenbaum, sind schön. Häufig gepflanzt werden auch die Blaue Mädchenkiefer (Pinus parviflora »Glauca«) und die Scheinbuche (Nothofagus antarctica), die acht bis zehn Meter Höhe erreichen können. Auch Blütenbäume sind für den Standort am Rande einer Terrasse oder in unmittelbarer Nähe geeignet, wenn sie nicht zu sehr ausladen, zum Beispiel Blumenhartriegel (Cornus kousa), Goldregen (Laburnum) oder Zierapfel (Malus), der in stark- und schwachwachsenden Sorten angeboten wird.
Zum Stichwort »Zier«: Es dürfen auch einige Sträucher nicht fehlen, wie Grüner Schlitzahorn (Acer palmatum »Dissectum«), Japanischer Feuerahorn (Acer japonicum »Aconitifolium«) oder der unempfindliche Flügel-Spindelstrauch (Euonymus alata) wegen seiner leuchtend roten Herbstfärbung. Ahornarten bevorzugen dagegen ein geschütztes Plätzchen. Starkwüchsige Blütensträucher machen nur dort Sinn, wo man möglichst bald Sichtschutz haben möchte. Ansonsten laden sie zu schnell aus und können die Sitzfläche einengen. Interessant sind Einzelpflanzen wie Hibiskus, Strauchrose, Sternmagnolie oder Duftgewächse wie der Sommerjasmin (Philadelphus-Hybride »Belle Etoile«). Und natürlich die Hortensie, die oft auch als Kübelpflanze gehandelt wird. Hortensien entfalten sich nur dort wirklich schön und bilden große Blütendolden, wo sie nicht praller Sommersonne ausgesetzt sind.

Im Trend: Handgestaltete, in langjähriger Schneidearbeit geschaffene Gehölze wie hier die Silberkiefer (Pinus silvestris »Waterer«) finden immer mehr Liebhaber. Ein jährlicher Rückschnitt erhält den grazilen Wuchs.

Kletterpflanzen

Ein Spalier und die Pergola werden mit Kletterpflanzen begrünt, bald auch davon verdeckt, wenn sie nicht regelmäßig geschnitten werden. Blauregen (Wisteria) wird hinreißend schön, wenn er Platz zum Klettern hat. Die rosa blühende Kletterrose »New Dawn« geht mit der blau blühenden Clematis-Hybride »Jackmannii« eine prächtige Verbindung ein, weil beide zur selben Zeit im Juli blühen. Der Strahlengriffel (Actinidia) ist wegen seiner großen Blätter imposant. Immer wieder gefällt mir das Duftgeißblatt (Lonicera x heckrottii), das sich nach seiner Blüte von Juni bis August mit purpurroten Früchten ziert. Und warum nicht Echten Wein an die Südseite pflanzen? Als immergrüner Kletterer empfiehlt sich Immergrünes Geißblatt (Lonicera henryi). Für den Halbschatten bietet sich die Kletterhortensie an. Bleiben die selbstklimmenden Gewächse wie Efeu und Wilder Wein, die Mauern und Wände ohne Hilfe überwuchern.

Kleingehölze, Stauden, Gräser

Reizvoll ist die sonnig südliche Stimmung, die Pflanzen mit silbrig- oder blaugrauem Laub wie Edelraute (Artemisia), Ehrenpreis (Veronica incana), Lavendel, Katzenpfötchen (Antennaria) oder Perlkörbchen (Anaphalis) erzeugen. Sie machen sich dort wirklich gut, wo die Materialien diese Farbtöne aufnehmen, wo also hellgrauer Granit oder Betonsteine dominieren. Aber auch Klinker oder Schiefer passen gut zu dem Silberton. Mit Gräsern wie dem Federborstengras (Pennisetum compressum) läßt sich die Anmutung einer Steppenlandschaft schaffen. Die Auswahl an Gräsern ist umfangreich und umfaßt beinahe jede Größe – von dem bodenbedeckenden Bärenfellgras (Festuca scoparia) bis zum beliebten immergrünen Gartenbambus (Arundinaria murielae). Tip: Diese Pflanze erreicht eine Höhe und Breite von gut drei Metern. Der Standort muß sorgfältig geplant sein, da das Umpflanzen und Abstechen des Wurzelballens schwerer ist, als man glaubt. Aber die Halme lassen sich stutzen, wodurch die Größe begrenzt werden kann.
Und wer unbedingt seinen Steingarten braucht, kann alpine Gewächse (die in Staudengärtnereien angebaut werden) zusammen mit Natursteinen und kleinen Gehölzen wie Nestfichte (Picea abies »Nidiformis«) oder Krummholzkiefer (Pinus mugo pumilio) anordnen.

Zwiebelblumen

Für die einen sind Zwiebelblumen kitschig, für die anderen sind es die idealen Pflanzen, um Farbtupfer zu verteilen. Ich halte es für eine Bereicherung, wenn im Herbst die Zwiebeln von Hyazinthen, Krokus, Traubenhyazinthen oder Tulpen gepflanzt werden, damit der Garten im Frühjahr farbenfroh wirkt. Im Sommer sind Lilien ein herrlicher Anblick und im Frühherbst die rosafarbenen Herbstzeitlosen (Colchicum). Sie gefallen mir aber nur dann, wenn sie größere Flächen bedecken und nicht einzeln stehen. So überbrücken sie Kahlstellen einer Neuanlage, wenn die Pflanzen in den Beeten noch nicht dicht genug zusammengewachsen sind. Aber auch in einem »fertigen« Garten sollte Zwiebelblumen ein Platz eingeräumt werden. Die üppigste Blüte ist nur dann gewährleistet, wenn man sie Jahr für Jahr neu steckt.

Die Pflanzen und die Einrichtungsgegenstände von Gartensitzplätzen gehen eine harmonische Verbindung ein, wenn sie aufeinander abgestimmt sind. Hier passen Lorbeerbaum und Margeriten gut zu dem Kübel und der mit einem Monogramm ausgestatteten Sylter Bank.

Sommerblumen

Mit den Einjährigen, also den Sommerblumen, verhält es sich ähnlich. Von den »Ästheten« werden sie gemieden. Aber ich teile die Meinung vieler erfahrener Gartenbesitzer, daß sich eine blütenarme Zeit, nämlich einige Wochen im Hochsommer, aber auch die Zeit bis in den Herbst mit Sommerblumen wunderbar bereichern läßt. Bechermalven, Kosmeen und Margeriten sind herrliche Farbenspender. Nicht zu vergessen die Fleißigen Lieschen, die sich in lichtem Schatten herrlich entfalten. Wenn davon möglichst viele gepflanzt werden, so daß sie sich in das bestehende Farbkonzept einfügen (dies gilt auch für jede andere Sommerblume), dann werden sich daran auch »kritische« Menschen erfreuen können.

Kübelpflanzen

Sie sind oftmals die dominierenden, aber auch die schwierigsten Pflanzen auf der Terrasse. Unter dem Sammelbegriff Kübelpflanzen versteht man meist solche, die nicht frosthart sind – die also in unserem Klima nur während des Sommers draußen stehen können. Man setzt sie in Gefäße, zum Beispiel aus Terrakotta, um sie gut rücken und transportieren zu können. Außerdem sehen sie oft genug sehr wirkungsvoll darin aus. Immer öfter werden auch Kleingehölze und Stauden in Kübel gepflanzt. Terrakottagefäße, die auch im Winter draußen bleiben, müssen aber frostfest sein, wenn man sie vor Regen und Schnee nicht schützen kann. Auf einer Terrasse sollte stets genügend Platz berücksichtigt werden, um die subtropischen Gewächse stellen zu können. Dann kann man sich an ihrem Anblick und am Duft ihrer Blüten lange erfreuen. Im Frühjahr, etwa Mitte Mai, kommen sie ins Freie und im Herbst, ab Anfang bis Mitte Oktober, gehören sie ins Winterquartier. Ideal wäre ein Wintergarten mit niedrigen Temperaturen. Zehn Grad sind für die meisten Pflanzen günstig. Aber oft genügt auch ein Platz im Treppenhaus oder im Keller. Die Engelstrompete (Datura), ebenso wie Fuchsien, kommt im Winter sogar ganz ohne Licht aus. Manche Kübelpflanzen sind längst nicht so empfindlich, wie man annimmt: Der Oleander und der Lorbeerbaum vertragen vorübergehend minus fünf Grad, ohne Schaden zu nehmen. Sie können also oftmals fast den ganzen Winter über draußen bleiben.

Pflanzen für den Sitzplatz

Bei sonniger Lage ist natürlich kein wesentlicher Unterschied zu der Bepflanzung an der Terrasse zu sehen. Doch sollte man hier eher auf die »Fernwirkung« der Pflanzen achten, wenn der Sitzplatz vom Haus aus gut sichtbar ist. Häufig liegt er mehr im Schatten, ist von großen Obstbäumen, hohen Büschen oder einer Hecke umgeben. Dort, wo Sichtschutz ein Problem darstellt, wurde vielleicht eine Sichtschutzwand oder ein Pavillon gebaut. Da bieten sich Pflanzen an, die Halbschatten mögen. Azaleen und Rhododendren können hier dekorativ sein, wenn außerdem saurer Boden und hohe Luftfeuchtigkeit gegeben sind. Unter den Blattstauden sind Funkien (Hosta) oder Schaublatt (Rodgersia) hübsch und Stauden, die den Boden »blühend« begrünen wie Elfenblume (Epimedium), Storchschnabel (Geranium) oder Immergrün (Vinca minor und V. major). Im Schatten ist Efeu unschlagbar.

Accessoires und Pflanzen, die das Gartenleben einfach schöner werden lassen: Alte Tonkrüge und Terrakottatöpfe in vielen Formen und Größen sind immer schön anzusehen – und die frostfesten können bepflanzt werden, wie hier mit einer blühenden Funkie (Hosta).

Sicht- und Lärmschutz, Wind- und Sonnenschutz

So wird's gemütlich

Auf einem freien, ungeschützten Platz oder auf einer zu groß dimensionierten Terrasse fühlt sich niemand geborgen. Ob man nun Schutz vor den Blicken der Nachbarn sucht oder den Lärmpegel von der Straße möglichst gering halten will, in jedem Fall bevorzugt man intuitiv eine »ruhige« Ecke zum Sitzen – sofern man die Wahl hat. Solch ein Winkel entsteht mit Hilfe einer Hecke, einer Mauer, eines Spaliers oder einer Holzwand, vielleicht auch mit einem beweglichen Paravent. Und man setzt sich meist so, daß der Rücken geschützt ist und man einen freien Blick auf den Garten hat.

Kletterpflanzen gewähren den schönsten Schatten, wenn die Sonne im Sommer zu intensiv auf die Terrasse strahlt. Eine ideale Pflanze ist die Glyzine (Blauregen), die die Pergola reizvoll umspielt und die Bewohner zweimal im Jahr durch ihre Blüte erfreut.

Sichtschutz

In manchen Situationen sind »Schutzelemente« von der Architektur des Hauses vorgegeben – wenn der Grundriß im Winkel angeordnet ist oder ein Wohnraum vor- oder zurückspringt. Auch Garagenbauten übernehmen häufig solche Funktion. Hecken und Einfriedungen der Nachbargrundstücke können ebenfalls zweckdienlich sein.
In vielen Gärten aber muß man einen Schutz erst schaffen: mit einer begrünten oder blühenden Wand unmittelbar an der Terrasse oder am Sitzplatz (ganz ähnlich den Wänden der Wohnräume), die das Ganze heimeliger werden läßt.

Sichtschutz mit einem Hauch von Gestern. Der schattige Laubengang – mit den Stilelementen eines französischen Gartens erbaut – zeigt klassische Gartenarchitektur, die auch heute ihren Reiz hat. Der Weg führt auf eine romantische, ein wenig versteckt liegende Bank.

Spaliere mit einem gewissen Durchblick können zu einem wichtigen Gestaltungselement eines Gartens werden, weil sie einzelne Gartenteile auf heitere Weise voneinander trennen und den Kletterpflanzen erlauben, sich von ihrer schönsten Seite zu präsentieren.

Eine schöne architektonische Lösung bietet eine Wand, eine Mauer – oft als Verlängerung einer Innenwand zu verstehen, wenn sie den Materialien oder den Farben der Hausfassade entspricht. Sie läßt die Atmosphäre eines offenen Innenhofes entstehen. Solch eine Wand wird am besten mit einem Draht- oder Holzspalier versehen, an dem Kletterpflanzen hochranken können.
»Grüne Architektur« formen Hecken aus Eibe (Taxus), Hainbuche (Carpinus) oder Rotbuche (Fagus), wenn sie durch regelmäßigen Rückschnitt in eine klare Form gebracht werden, ob nun rechteckig, trapez- oder pyramidenförmig.
Es ist gut, daß in letzter Zeit das Interesse an Holzspalieren – meist zur Gestaltung einer Hauswand – wieder wächst. Eine schöne Variante ist die freistehende Spalierwand als halbtransparente Sichtblende – nicht zu verwechseln mit dem beliebten Allzweck-Spanflechtzaun und seinen vielen Spielarten. Derartige einfache Holzwände sind zwar für viele Zwecke geeignet, aber bei der Terrasse muß man mehr Wert auf formale Qualität legen. Glücklicherweise sind die Ansprüche der Verbraucher inzwischen gestiegen, und viele Hersteller von Holzwaren und von Zäunen bieten »bessere« druckimprägnierte Sichtschutzwände an. Das freistehende Spalier besteht aus Latten, die kleine quadratische oder rhombenförmige Felder bilden. Der Eindruck, den sie erwecken, wird von der Größe des Rasters, den verwendeten Latten und der Farbgebung bestimmt. Das Holz kann weiß, schwarz, dunkelgrün oder nachtblau lasiert werden oder sich der Farbe des Hauses anpassen. Mit farbigen Lasuren lassen sich hübsche Effekte erzielen. Oftmals genügt es, nur die Pfosten oder die Rahmen mit Farbe zu behandeln. Kletterpflanzen, die möglichst an beide Seiten der Wand gepflanzt werden, tragen dazu bei, daß das Spalier bald verdeckt wird und der Sichtschutz von Jahr zu Jahr zunimmt. Wenn dieser Effekt nicht erwünscht ist, muß man bei der Wahl der Pflanzen besonders überlegt vorgehen und die Stückzahl gegebenenfalls reduzieren.
Der Sichtschutz am Sitzplatz im Garten läßt sich meist einfach erreichen. Schon bei der Planung werden sein Standort und seine Ausrichtung nicht nur nach optischen Gesichtspunkten gewählt. Mit geschnittenen oder freiwachsenden Hecken (Rosenhecke) entsteht ein nützlicher und attraktiver Schutz. Wo dies nicht ausreicht, sind ein Gartenhaus oder ein halb geschlossener Pavillon das Richtige.

Lärm- und Windschutz

Lärm und zu starker, andauernder Wind machen den Aufenthalt auf der Terrasse unangenehm. Allein der Lärm von der Straße, vom Nachbargrundstück oder einer weiter entfernt liegenden Autobahn kann sehr lästig sein. Mit Hilfe einer Wand könnte der Geräuschpegel gesenkt werden. Je massiver sie gebaut ist, um so besser ist ihre Wirkung. Der Schall wird entweder reflektiert oder – was effektiver ist – von speziellem porösem Material absorbiert (»geschluckt«). Einen hohen Wirkungsgrad haben bepflanzbare Lärm- und Schallschutzmauern. Dort, wo

Einen Hauch von Exotik strahlt der Pavillon aus, in dem man es sich – vor zuviel Sonne und Regen bewahrt – auf einer eleganten Lutyens-Bank bequem machen kann. Im Laufe des Sommers werden die beiden Sumpfpflanzen mit dem passenden Namen Mammutblatt (botanisch Gunnera) bei zunehmender Blattgröße den Ein- und Ausblick allerdings deutlich einschränken.

genügend Fläche zur Verfügung steht (wie an einem Sitzplatz), kann ein bepflanzter Erdwall angelegt werden, dessen Wirkungsgrad erwiesenermaßen besonders hoch ist.
Doch gleichgültig, zu welcher Lösung man sich entschließt, der Lärm wird am besten reduziert, wenn die Wand oder die Alternative dazu so hoch und so lang wie möglich und – architektonisch vertretbar – angelegt wird.
Wenn man sich vor Lärm geschützt hat, ist man in aller Regel auch vor heftigem Wind sicher. Wind läßt sich am besten durch eine hohe Hecke oder eine durchbrochene Wand abschwächen. Eine dichte Mauer hat den Nachteil, daß auf der dahinterliegenden Seite ein unangenehmer und lauter Wirbelwind entsteht.

Sonnenschutz

Ein vorkragendes Dach gibt mancher Terrasse den notwendigen Sonnenschutz. Und auch der Schatten hoher Laubbäume kann dafür sorgen, daß es auf dem Sitzplatz nicht zu heiß wird. Oft genug ist man der Sonne ganz ausgesetzt und dagegen muß man etwas tun, besonders bei einer nach Süden, Südosten oder Südwesten orientierten Terrasse. Mit einer Markise, die über der Terrasse am Haus montiert wird, schafft man in aller Regel den gewünschten lichten Schatten. Eine Markise verringert nicht nur den Lichteinfall und die UV-Strahlung, sondern kann auch Schutz vor Regen und Tau bieten.
Immer mehr Gartenbesitzer fragen nach einer Alternative zur Markise. Am schönsten wirkt ein standfester Sonnenschirm in der Größe eines Marktschirmes. Bei einem Durchmesser von drei bis fünf Metern bietet er auch einer großen Runde am Tisch den gewünschten Schatten. Ganz so perfekt wie eine Markise deckt er den Sitzplatz nicht ab, aber er wirkt einladend. Interessant ist nach wie vor eine Pergola, eine mehr oder weniger

leichte Konstruktion, die mit einem schönen Laubdach überzogen wird. Damit es nicht auch während der Herbst- und Wintermonate schattig ist, wählt man zum Beranken laubabwerfende Pflanzen wie Wein (Echter oder klimmender Wilder Wein), Knöterich (Polygonum) – eine rasant wachsende Kletterpflanze, die sich als »Architektentrost« einen guten Namen gemacht hat, oder Geißblatt (Lonicera x heckrottii oder L. x tellmanniana), das wegen seines Blütenduftes so reizvoll ist. Proportionen und Materialien für die Pergola werden auf die Architektur des Hauses abgestimmt. Das heißt aber: Die Pergola muß nicht in jedem Fall unmittelbar an das Haus angebunden werden, sondern kann auch in kurzer Entfernung davon als kleines »Extragebäude« stehen.
Ebenso schön können Pergolen aus Holz oder Naturstein sein, die nicht berankt, sondern mit einem wetterfesten Sonnensegel überspannt werden. Auch Konstruktionen, die mit Glas eingedeckt werden, also eine Vorstufe zum richtigen Wintergarten darstellen, erfreuen sich großer Beliebtheit. Ihr Vorteil ist, daß der Platz hell ist und nicht witterungsbeständige Gartenmöbel länger draußen bleiben können.

Linke Seite:
Eine Laube im Garten ist immer schön anzusehen, vor allem wenn sie so hübsch von Kletterrosen berankt ist. So wird sie zwangsläufig zum Mittelpunkt eines Gartens. Hier wird der Weg durch den formalen, architektonisch angelegten Garten reizvoll betont. Die Laube lädt zum genußvollen Sitzen ein.

Rechts:
War der Schutz vor zuviel Sonne der Grund für diese Rosengalerie oder stand der Wunsch im Vordergrund, im Sommer unter Blütenwolken von Kletterrosen spazieren gehen zu können? In der Erinnerung verklären sich Ursachen oft. Wichtig bleibt in diesem Falle nur, daß ein Blumenmeer von unvergleichbarem Charme entstanden ist. Und dies läßt sich an jeder sonnig gelegenen Spalierwand oder Pergola nachempfinden.

Die Pflege

Kleiner Aufwand – große Wirkung

Ganz ohne Fürsorge und ein wenig umsichtige Pflege kommt kein Sitzplatz aus. Doch sollte sich diese »Arbeit« auf das Wesentliche beschränken. Keinesfalls darf man bei einer Terrasse denselben Maßstab an Sauberkeit anlegen wie bei einem Wohnraum. Jeder Gartensitzplatz ist ein Außenraum, der der Witterung mit allen Vor- und Nachteilen ausgesetzt ist. Hier fallen Abgase, Staub und Laub an, Hitze und Kälte, Regen und Schnee hinterlassen ihre Spuren auf dem Bodenbelag.

Gartenmöbel sollten witterungsbeständig sein, damit sie nicht vor jedem Regen ins Trockene grückt werden müssen. Teakholz (von Plantagen aus Java, Indonesien) ist ideal, da es wasserabweisend ist und weder bei Hitze noch bei Frost arbeitet. Teak braucht keinen Schutzanstrich. Im Laufe der Jahre entsteht eine silbergraue Patina. Zur Reinigung empfiehlt es sich, die Oberfläche im Frühjahr und im Herbst mit Bürste und warmem Seifenwasser gründlich zu reinigen.

Die Möbel

Längst nicht alle Terrassenmöbel sind wirklich wetterfest, worauf man vor dem Kauf achten sollte. Holzmöbel, ob aus Hartholz oder aus druckimprägniertem Kiefernholz, können zu jeder Jahreszeit draußen stehen, ohne sichtbar Schaden zu nehmen. Sie wirken auch bei Regen und Schnee dekorativ, wenn sie geordnet stehen. Metallmöbel sind meist auch witterungsfest, weil sie verzinkt sind oder aus Stahlrohr hergestellt werden, doch nimmt man sie vor dem Winter besser nach drinnen (trockener Keller oder Speicher), vor allem, wenn sie lackiert sind. Das gilt ebenso für Korb- und Rattanmöbel und für Tische, Stühle und Liegen aus Kunststoff. Draußen werden sie nicht schöner ...

Holzbelag

Belag aus weichem, druckimprägniertem Kiefernholz braucht gelegentlich eine »Grundreinigung«. Hartholz wie Teak nimmt kaum Feuchtigkeit auf. Es ist absolut witterungsbeständig und erhält im Laufe weniger Jahre eine schöne silbergraue Oberfläche; aber an schattigen Standorten ist zweimal pro Jahr eine Reinigung erforderlich. Statt mit einem Hochdruckreiniger kann man die Steine oder den Holzbelag mit Hilfe eines kräftigen Besens (oder einer harten Bürste) und mit Schmierseife abschrubben. Aber das ist schon harte Arbeit. Ähnlich verfährt man bei der Reinigung von Gartenmöbeln. Eine Zeitlang kann man den Schmutz als Patina ansehen, aber ein Frühjahrsputz alle paar Jahre – zumindest im Terrassenbereich nahe am Haus – läßt sich meist nicht umgehen.
Tip: Der Schmutz löst sich leichter, wenn er vorher »eingeweicht« wurde, zum Beispiel durch längeren Regen.
Ab und an, etwa alle drei bis fünf Jahre, muß die Farbe aufgefrischt werden, sofern die Holzterrasse oder die Möbel damit behandelt wurden. Das gilt auch für Metall- oder andere Holzteile. Der genaue Zeitpunkt der Nachbehandlung hängt von der Witterung ab.
Schwierig wird es bei bewachsenen Spalieren und Pergolen. Pflegeleicht und meist besser ist es, wegen des üppigen Pflanzenwuchses auf einen Neuanstrich zu verzichten. Ansonsten müssen die Pflanzen meist bis auf den Boden abgeschnitten werden.

Steinbelag

Alle geschliffenen oder polierten Platten gelten als besonders pflegeleicht (aber sie sind bei Feuchtigkeit oder Rauhreif sehr glatt). Dagegen haften auf Platten aus Beton und Sandstein, also solchen mit poröser Oberfläche, kleinste Partikel, die schnell zu Verschmutzung und Algenbildung führen. Die Platten sehen dann unschön aus und werden rutschig. In sonniger Lage dauert diese Entwicklung etwas länger. Mit einem Hochdruckreiniger sollten die Platten je nach Bedarf (meist einmal im Frühjahr) behutsam gereinigt werden. Bei manchen Natursteinplatten ist eine leichte Patina sogar erwünscht, ebenso bei Steinbänken.

Die Pflanzen

Alle Kübelpflanzen brauchen laufende Pflege. In den Trockenzeiten im Frühjahr und Sommer muß reichlich gegossen und zwischen April und August auch gedüngt werden. Mit Langzeitdünger, der schon beim Umpflanzen der Erde beigemischt wird, erspart man sich später Arbeit. Einjährige Sommerblumen bekommen bis in den Spätsommer laufend Nährstoffe, damit sie auch bis zum ersten Frost durchblühen.
Kübelpflanzen und andere frostempfindliche Gewächse werden nach den Eisheiligen, also etwa Mitte Mai, nach draußen gestellt. Gelegentlich muß man für einen Rückschnitt sorgen, damit sie sich schön entwickeln. Wichtig ist im Laufe des Sommers, daß alles Verblühte mindestens einmal pro Woche entfernt wird. So sehen die Pflanzen schöner aus, und es bilden sich besser neue Knospen.
Stauden, Rosen und Gräser, die in den angrenzenden Beeten wachsen, sind pflegeleichter: Im März und Juni wird organisch gedüngt, ansonsten wird nur alles Abgeblühte abgeschnitten.
Einen Rückschnitt brauchen auch alle geformten Hecken und Büsche. Mindestens einmal im Jahr, im Juli, sollten Hecken in Form gebracht werden. Und auch die Kugelformen oder Tierfiguren aus Buchsbaum, Eibe oder Lorbeerkugeln müssen gestutzt werden. Schließlich liegt ihr Reiz ja gerade in den exakten Konturen und Formen.

Literatur

Boisset, Caroline
Blühende Mauern, Kletternde Gärten, Ravensburg 1990

Brookes, John
John Brookes' Große Gartenschule, München 1992

Gallup, Barbara u. Reich, Deborah
Geformte Pflanzen, Köln 1989

Garnock, Jamie
Spaliere und Rankgitter, Lauben und Pergolen, München 1991

Greenoak, Francesca
Gartenträume, Stuttgart 1989

Hennebo, Dieter
Gartendenkmalpflege, Stuttgart 1985

Hobhouse, Penelope
Die Kunst der Gartengestaltung, Köln 1989

Howcroft, Heidi
Pflaster für Garten, Hof und Plätze, München 1994

Kassel, Fachbereich Stadt- und Landschaftsplanung der GSH
Leberecht Migge, Worpswede 1981

Kirchner, Stephan
Happy gardening, Kleiseerkoog 1992

De Lestrieux, Elisabeth
Gartenglück, Stuttgart 1987

Neutra, Richard u. Dion
Pflanzen, Wasser, Steine, Licht, Berlin und Hamburg 1974

Niemeyer, Wolfgang H.
Schöne Gärten – einfach zu pflegen, München 1990

Oehme, Wolfgang u. van Sweden, James
Die Neuen Romantischen Gärten, München 1990

Page, Russel
Ich schuf Gärten in aller Welt, Melsungen 1992

Paul, Anthony u. Rees, Yvonne
Gartendesign, Ravensburg 1988

Plumptre, George
Klassischer Gartenschmuck, München 1990

Schulz, Claus
Gärten und Menschen, Düsseldorf 1989

Schümmelfeder, Horst
Terrassen, München 1990

Shepheard, Peter
Grüne Architektur, Berlin 1959

Thomas, Roland
Brunnen im Garten, München 1993

Timm, Ulrich
Die neuen Teiche, Bäche, Pools, München 1995

Verey, Rosemary
Blühende Gärten in allen Jahreszeiten, Köln 1990

Verey, Rosemary
Der Garten im Winter, Ravensburg 1989

Wagner, Friedolin
Gestalten mit Pflanzen, Stuttgart 1990

Weber, Roland
Gärten, Parks, Gartenhöfe, Stuttgart 1983

Zinkernagel, Gisela u. Hofmann, Reinhild
Der harmonische Garten, Stuttgart 1990

Mehr Blickfang als Sitzplatz: die verspielten Möbel aus Gußeisen wirken malerisch vor den Azaleen unter der lichten Baumkrone.

Architekten, Garten- und Landschaftsarchitekten, Planer, Künstler

Ingrid Andresen
Büro für Garten- und Landschaftsgestaltung
Im Hilsbruch 75
64291 Darmstadt
Seiten 82, 83

Architekturbüro Landschaft + Garten
Oelmühle
42699 Solingen
Seiten 86–89, 108, 109

Baumgartner & Partner
Chriesibüel 2
CH 6043 Adligenswil
Seiten 60–63

Klaus Bierbaum
Freier Landschaftsarchitekt BDLA
Untere Zahlbacher Str. 21
55131 Mainz
Seiten 56, 57

Bödeker, Wagenfeld & Partner
Landschaftsarchitekten BDLA
Bergische Landstraße 606
40629 Düsseldorf
Seiten 66–69

Robert G. Boughey and Associates Co.Ltd.
Architects and Planners,
Bangkok/Thailand
Seite 43

Paolo L. Bürgi
Architettura verde
CH 6528 Camorino
Seiten 33, 98, 99, 134u.

Jack Chandler & Associates
Landscape architects
P.O. Box 2180
Yountville
CA 94599, USA
Seiten 24, 25, 110–113

Clifton Landscape & Design
5a Clifton Villas, Little Venice
GB London W9 2PH
Seite 149

Paul Deroose
Landschaftsarchitekt
Stationsstraat 166
B 8220 Jabbeke
Rücktitel

Helmer Raitz von Frentz
Landschaftsarchitekt BDLA
Rheinbabenstr. 144
47809 Krefeld
Seiten 78, 79

Fröhling für Garten und Park
Paul-Gerhardt-Str. 2
67549 Worms
Seite 18, 32

Isabelle C. Greene & Associates
Landscape Architect
34 East Sola Street
Santa Barbara, California 93101, USA
Seiten 125

Karl-Heinz Harguth
Architekt
Arndtstr. 26
42327 Wuppertal
Seite 31

Dieter Jannsen
Architekt
Rödingsmarkt 52
20459 Hamburg
Seiten 44–47

Klahn und Singer
Landschaftsarchitekten
Heinrich-Heine-Ring 125
76199 Karlsruhe-Rüppur
Seite 2

Günther Kunz
Château Graaf 70
B 4850 Montzen
Seite 23

Mark Mack
Architekt
246 First Street, Suite 400
San Francisco 94105, USA
Seiten 80, 81

Lothar Maier, Bildhauer
Gartenstr. 15
49324 Melle
Seiten 90–93

Die einladende Gartenbank ist leicht erhöht auf ein Podest gestellt worden und bietet dadurch einen schöneren Überblick in den Garten.

Wolfgang H. Niemeyer
Dipl. Ing. Landschaftsarchitekt BDLA
Stöberlstr. 27
80687 München
Seiten 54, 55

Geoffrey Pie
Architekt
888 Brunswick Street
New Farm, Brisbane Q 4005
Australien
Seite 127

John Plummer
The Master Gardeners
Design consultants & landscape contractors
8 Murray Street, Camden Square
GB London NW19 RE
Seite 151

Corrie Poley-Bom
Dorpsplein 25
NL 4443 AE Nisse
Seiten 48, 49

Alberto Ponis
Architekt
Via Claudio de Martin 5
I 07020 Palao (SS)
Seite 34

Volker und Helgard Püschel
Freie Landschaftsarchitekten BDLA
Wollenhausweg 5
40822 Mettmann
Seiten 21, 41, 50–53, 96, 97

Kurt Salathé
Landschaftsarchitekt BSLA
Bahnhofstr. 4
CH 4104 Oberwil
Seite 139

Günther Schulze
Freie Garten- und Landschaftsarchitekten BDLA
Sülldorfer Kirchenweg 253
22589 Hamburg
Seiten 94, 95

Seibold Planung
Sierichstr. 56
22301 Hamburg
Seiten 90–93

Horst Thanhäuser
Schleusenredder 23 a
22397 Hamburg
Seiten 70–73

Grünplanung Ulrich u. Hannelore Timm
Freie Landschaftsarchitekten
Papenhuder Str. 40
22087 Hamburg
Seiten 44–47, 58, 59, 84, 85, 90–93, 102, 103, 106, 107, 117, 124, 134 u., 157

Martin Wagner
Architekt
Piazza della Costa
CH 6914 Carona
Seiten 100, 101

Eric Wamelink
Buro voor Architektuur
Hollandse Schans 11
NL 7137 MT Lievelde
Seiten 64, 65

Rüdiger Weddige/Grünplan
Landschaftsarchitekten
Oberstr. 13 A
30167 Hannover
Seite 9

Christian H. G. Wegener
Garten- und Landschaftsarchitekt BDLA
Quellental 12
22609 Hamburg
Seiten 16, 104, 105

Henk Weijers Group
Designers, Landscapers
Lorentzplein 15
NL 2012 HG Haarlem
Seiten 27, 74–77

Team Grün-Plan Konrad Wittich
und Partner
Fasanenweg 9
61273 Pfaffenwiesbach
Seiten 114, 118, 119

Firmen und Hersteller

Aske-Sitzmöbelfabrik
Neudorfstr. 40
77694 Kehl-Auenheim
Seite 97

Arte Giardino
Terracotta-Import
Kölner Str. 37
50226 Frechen
Seiten 108, 109

Avantgarden
P. Adams, L. Logist
Turnhoutsebaan 385
B 2110 Wijnegem
Seiten 38, 137

Barnsley House,
Classic Teak & Metal Furniture
GB Barnsley/Gloucestershire
über
Stephan Kirchner,
Seite 7, 141

Andrew Crace Designs
Bourne Lane
GB Much Hadham, Hertfordshire
SG10 6ER
Seiten 132, 151

DZ Licht Außenleuchten GmbH
Postfach 390
58710 Menden
Seite 133

Lorenz von Ehren
Baumschulen
Maldfeldstraße 4
21077 Hamburg
Seite 144

Flora Mediterranea
Christoph u. Maria Köchel
Königsgütler Str. 5
84072 Au/Hallertau
Seite 142

Garden Decoration-Selection
Reubenberg 25
NL 6071 PS Swalmen
Seiten 28, 29, 129

Garpa Holert Handelsges. mbH
& Co. KG
Kiehnwiese 1
21039 Escheburg
Seiten 67–69, 78, 79, 89, 94, 95, 103, 135, 136, 154

Die Gartengalerie
Seidelstr. 24
82418 Murnau/Staffelsee
Seiten 5, 143, 145, 147, 150

Gartenhaus
Fasanenweg 9
61273 Pfaffenwiesbach
Seite 114

Peter Gätje
Holz-Außenanlagen
Oststr. 112
22844 Norderstedt
Seiten 16, 94, 95

Stephan Kirchner (Happy gardening)
Keitum/Sylt
25899 Kleiseerkoog/Post Niebüll
Seiten 7, 58, 59, 115, 133, 147

Günther Lambert
Marktplatz 11
40213 Düsseldorf
Seiten 108, 109

Magazin
Dorotheenstr. 53
22301 Hamburg
Seite 45

RM-design
Renate Meissner
Robert-Stolz-Str. 64
65812 Bad Soden/Ts.
Seiten 130, 154

Helmut Schmidt
Garten- und Landschaftsbau
Gärtner Str. 37
25462 Rellingen
Seite 120

F. + H. Walther Naturstein GmbH
Friesenweg 2
22763 Hamburg
Seite 123

Sotheby's International Reality
980 Madison Avenue, New York,
NY 10021, USA
Seite 134

Souterrain Rainer Thiele GmbH
Eppendorfer Landstraße 45
20249 Hamburg
Seite 122

Stuart Garden Architecture,
Burrow Hill Farm,
GB Wiveliscombe, Somerset über
Peter Gätje
Seiten 106, 107

Summit Furniture
198 Ebury Street
Pimlico Green
GB London SW1W8UN
Vertrieb in Deutschland: RM-design
Renate Meissner
Robert-Stolz-Straße 64
65812 Bad Soden
Seite 130

Sylt am Ammersee
Holzäcker 15
86911 Diessen a. A.
Seite 35

Teak & Garden
Gut Schönau
21465 Reinbek-Ohe
Seiten 73, 133

Diese wohlproportionierte Bank steht als Blickfang vom Haus aus sichtbar – wenn auch durch Rosen leicht verborgen – im Garten Stellenberg im südafrikanischen Kapstadt.

Bildnachweis

(Zeichnungen sind kursiv angegeben.)

Schutzumschlag Vorderseite: Jeanette Schaun/Schöner Wohnen
Schutzumschlag Rückseite: Jürgen Becker

Seite 2	Richard Schenkirz
Seite 5	Gary Rogers
Seite 7	Jürgen Becker
Seite *9*	Rüdiger Weddige
Seite 10	Jürgen Becker
Seiten 11, 12	Archiv C. A. Wimmer
Seite 16, 17	Jürgen Becker
Seite 18	Ulfert Beckert
Seite 21	Jürgen Becker
Seite 23	Doris Schlaback-Becker
Seite 24	Peter C. Jones
Seite 25	Andrew McKinney
Seiten 26, 27	Gary Rogers
Seiten 29, 31	Jürgen Becker
Seite 32	Ulfert Beckert
Seite 33	Christoph Markwalder
Seite 34	Marion Nickig
Seite 35	Gary Rogers
Seite 36	Reiner Blunck
Seite 37	Brigitte Thomas/GPL
Seite 38	Jürgen Becker
Seite 39	Gary Rogers
Seite 40	Marion Nickig
Seite 41	Jürgen Becker
Seite 43	Reiner Blunck
Seite *44*	Markus Lampe
Seiten 45–47	Jeanette Schaun/ Schöner Wohnen
Seite 48	Jürgen Becker
Seite 49	Marion Nickig
Seite *50*	Markus Lampe
Seiten 51–53	Jürgen Becker
Seiten 54, 55	Archiv Wolfgang H. Niemeyer
Seiten 56, 57	Werner A. Umstätter
Seiten 58, 59	Gary Rogers
Seite *60*	Markus Lampe
Seiten 61–63	Peter Munster
Seiten 64, 65	Horst Thanhäuser/HÄUSER
Seite *66*	Markus Lampe
Seiten 67–69	Michael Eicker
Seite *70*	Markus Lampe
Seiten 71–73	Horst Thanhäuser
Seite *74*	Archiv Henk Weijers Design Landscapers
Seiten 75–77	Jürgen Becker
Seiten 78, 79	Archiv H. Raitz von Frentz
Seiten 80, 81	Reiner Blunck
Seite *82*	Markus Lampe
Seiten 82, 83	Gary Rogers/Schöner Wohnen
Seiten 84, 85	Peter Munster
Seiten 86, 87	Gary Rogers
Seiten 88, 89	Sibylle Anneck, Thomas Kost
Seiten 90–93	Peter Munster
Seite 94	Gary Rogers
Seite 95	Wolfram Stehling
Seite *96*	Markus Lampe
Seite 97	Jürgen Becker
Seiten 98, 99	Archiv Paolo L. Bürgi
Seiten 100, 101	Reiner Blunck
Seite 102	Gary Rogers
Seite 103	Peter Munster
Seiten 104, 105	Wolfram Stehling
Seiten 106, 107	Gary Rogers
Seiten 108, 109	Sibylle Anneck, Thomas Kost
Seiten 110–113	Gary Rogers/Schöner Wohnen
Seite 114	Jens Meier
Seite 115	Gary Rogers
Seite *117*	Heiner-Otto Neuendorf
Seiten 118, 119	Jürgen Becker
Seite 120	Archiv Helmut Schmidt
Seite 122	Archiv Souterrain Rainer Thiele
Seite 123	Gary Rogers
Seite 124	Peter Munster
Seite 125	Gary Rogers
Seite 126	Peter Ludwig Kopp/ Ideales Heim
Seite 127	Reiner Blunck
Seite 129	Jürgen Becker
Seite 130	Archiv Summit Furniture
Seiten 131, 132	Gary Rogers
Seite 133 o.	Peter Munster
Seite 133 u.	DZ-Licht
Seite 134 o.	Davis A. Gaffga/Sotheby's International Reality
Seite 134 u.	Gary Rogers
Seiten 135, 136	Archiv Garpa
Seiten 137, 138	Jürgen Becker
Seite 139	Liliane Borens
Seiten 140, 141	Gary Rogers
Seite 142	Marion Nickig
Seite 143	Friedrich Strauß
Seite 144	Gary Rogers
Seite 145	Jürgen Becker
Seite 147	Friedrich Strauß
Seite 148	Jürgen Becker
Seite 149	Gary Rogers
Seite 150	Marion Nickig
Seiten 151–153	Gary Rogers
Seite 154	Archiv Garpa
Seiten 156, 157	Gary Rogers
Seite 158	Peter Munster

Die Deutsche Bibliothek –
CIP Einheitsaufnahme
Terrassen & Sitzplätze: Vom Wohnen im Garten / Ulrich Timm.
Unter Mitarb. von Hannelore Timm.
Vorw. von Rosemary Verey. –
2. Aufl. München: Callwey, 1995
ISBN 3-7667-1174-1
NE: Timm, Ulrich; Terrassen und Sitzplätze

Umschlaggestaltung Franz Epping, Hamburg, unter Verwendung einer Abbildung vom Projekt Seite 44–47
Umschlagrückseite unter Verwendung einer Abbildung von Jürgen Becker
Textredaktion Hans-Joachim Györffy
Satz Filmsatz Schröter, München
Lithos Karl Findl & Partner, Icking bei München
Druck und Bindung Druckerei Kösel, Kempten
ISBN 3-7667-1174-1

Zur Abbildung auf der Umschlagrückseite:
Zeitlos klassisch: Zwischen den formalen, streng zu grüner Architektur geschnittenen Hecken tut die Form der komfortablen Bank gut. Sir Edwin Lutyens entwarf sie vor fast einhundert Jahren.